·太原市

·大同市

·朔州市

·忻州市

山西文物要览

SHANXI WENWU YAOLAN

《山西文物要览》编委会　编

山西出版传媒集团
三晋出版社

图书在版编目（CIP）数据

山西文物要览. 一 / 《山西文物要览》编委会编. 太原 : 三晋出版社, 2024. 8. -- ISBN 978-7-5457-3031-9

Ⅰ. K872.25

中国国家版本馆CIP数据核字第2024RY9518号

山西文物要览（一）

编　　者：《山西文物要览》编委会
责任编辑：解　瑞　张丹华
责任印制：李佳音

出 版 者：山西出版传媒集团·三晋出版社
地　　址：太原市建设南路21号
电　　话：0351-4956036（总编室）
　　　　　0351-4922203（印制部）
网　　址：http://www.sjcbs.cn

经 销 者：新华书店
承 印 者：山西新华印业有限公司

开　　本：889mm×1194mm　1/16
总 印 张：165.75
总 字 数：1442千字
版　　次：2024年8月　第1版
印　　次：2024年9月　第1次印刷
书　　号：ISBN 978-7-5457-3031-9
定　　价：980.00元（全五册）

《山西文物要览》
编 委 会

编委会办公室

资料保障组

陈德刚　石　莹　韩　莹　刘月平　尹新凤　刘　鹏　张建明　王晋亭　段利民
郭卫平　王丽业　王建萍　高　龙　王淑敏　武靖凯　刘依尘　乔佳伟　周　宁
胡　元　庄　严　任志强　王　昕　李云帆　吕柯楠　柴琳洁　王超永　曹　阳
申林娟　张婷翔

专家编审组（按姓氏笔画排序）

王　苗　王　婷　王小龙　尹　帅　古慧莹　叶若琛　田　园　史　君　冯　燕
刘　岩　刘建昭　芦宝琴　李　莉　李小龙　李晓霞　李海英　杨晓芳　宋　阳
张光辉　张国花　张洪峰　张晓清　张雅婕　林春杏　赵　彬　段恩泽　施光玮
袁　琦　高宇星　曹芳芳　韩　琳　韩若冰　韩炳华　雷　伟　简　莉

图片提供者（按姓氏笔画排序）

王　妍　王　松　王　涛（太原）王　涛（临汾）王　乾　王　敏　王　超　王卫明
王志勇　王丽新　王政涛　王鹏飞　牛海泉　巴艳波　左义聪　石振华　田　治
田怡蕊　田玲玲　史振宇　兰　杰　皮子龙　吉学东　成永平　吕旭燕　刘　冬
刘小江　刘东虹　刘永平　刘园礼　刘宏亮　刘泽强　闫文成　闫志鹏　孙泽青
孙慧琴　李　广　李广洁　李丽珍　李贵显　李振文　李晓翠　杨　平　杨卫平
吴国忠　辛　泰　宋维炉　张　义　张小平　张少毅　张庆金　张园园　张宝顺
张建军　张哲远　张晓剑　张海燕　张朝阳　陈博敏　武　冬　尚银龙　季文韦
季保全　阜　阳　周礼忠　郑海伟　郑珺文　赵　伟　赵永刚　赵志国　赵雨星
段振亮　袁国华　贾笑梦　贾家璇　高房斌　高新生　郭　健　郭国伟　黄赞民
曹　亮　崔元喜　崔文锋　梁　铭　韩　凯　韩　锐　景　鹏　景仲春　廉田静
蔺亚璐　蔺鸿斌　樊文珍　穆　榕　穆世斌　魏云龙

出版说明

文物承载灿烂文明，传承历史文化，维系民族精神。习近平总书记对文物保护工作念兹在兹、关怀备至。党的十八大以来，习近平总书记四次亲临山西，每次都深入文化遗产地和基层文博机构考察，反复强调要坚定文化自信、全面提升文物保护利用和文化遗产保护传承工作水平，为我们做好新时代文物工作指明了前进方向、提供了根本遵循。

山西是中华文明的重要发祥地，文化积淀博大厚重，文物资源灿若星辰。山西文物具有文明起源遗存富集、古代建筑冠居全国、彩塑壁画瑰丽绚烂、造像石刻精品荟萃、民居城池蜚声遐迩等突出特点。山西省第三次全国不可移动文物普查登记不可移动文物53875处，位居全国前列。其中，全国重点文物保护单位531处，约占全国总数的10.5%，居全国第一，省级文物保护单位779处；现存古建筑28027处，其中元代及元以前木构古建筑500余处，占到全国80%以上，特别是全国仅存的3座完整的唐代木构古建筑均在山西；现存唐代以来彩塑12000余尊、壁画50000余平方米，均居全国第一；现存古戏台2800余座，居全国第一；旧石器遗址、地点共800余处，居全国前列。山西已登记可移动文物320余万件，收藏于413家国有文物收藏单位，位居全国前列。其中珍贵文物76124件，包括一级文物5515件、二级文物17082件、三级文物53527件。

为认真贯彻落实习近平总书记关于文物保护利用和文化遗产保护传承的重要论述重要指示批示精神，系统展示山西重要文物资源，促进社会各界力量参与到山西文物保护利用中来，我们编纂出版《山西文物要览》一书。本书共分为五卷，收录全国重点文物保护单位和省级文物保护单位 1131 处，包括古文化遗址 179 处、古墓葬 86 处、古建筑 828 处、石窟寺及石刻 35 处、其他 3 处。

本书内容条目按照市、县行政区划顺序排列。在同一行政区域内，先列全国重点文物保护单位，再列省级文物保护单位。在文物保护单位中，按照古文化遗址、古墓葬、古建筑、石窟寺及石刻的顺序编排。

文物保护单位的介绍，以公布时的说明为主。存在学术争论的，主要采纳被广泛接受的主流观点。文物单位的编写内容包括类型、时代、位置、保护单位公布时间和批次、历史沿革、遗存构成、重点遗存介绍及价值等。

每个文物保护单位附图 1—3 张。文物保护单位体量特别大的，适当增加图片。附图按照先宏观后微观的顺序编排，即遗存全貌、遗存局部、能够说明遗存时代和性质的关键性位置图片或器物图片。

习近平总书记指出，文物和文化遗产承载着中华民族的基因和血脉，是不可再生、不可替代的中华优秀文明资源。我们期待《山西文物要览》一书的编纂出版，能够助力文物保护利用，讲好文化遗产里的山西故事，推动三晋优秀传统文化焕发新的时代光彩，为山西实现从文物大省向文物强省、文化大省向文化强省的跨越作出贡献。

《山西文物要览》编委会

目录

太原市

清徐县

阳曲县

娄烦县

古交市

大同市

新荣区

平城区

云冈区

云州区

阳高县

天镇县

广灵县

灵丘县

山阴县

应县

右玉县

怀仁市

忻州市

忻府区

定襄县

五台县

代县

繁峙县

宁武县

静乐县

五寨县

岢岚县

河曲县

保德县

偏关县

原平市

太原市

山西
文物
要览

❶ 迎泽区

❷ 小店区

❸ 杏花岭区

❹ 尖草坪区

❺ 晋源区

❻ 清徐县

❼ 阳曲县

❽ 娄烦县

❾ 古交市

王家峰墓群

2006年，被国务院公布为第六批全国重点文物保护单位。

王家峰墓群有北齐墓葬3座，其中徐显秀墓保存最完整。徐显秀墓建于武平二年（571）十一月，2000年12月初被盗掘，随后进行了发掘与保护工作。

徐显秀墓有夯筑封土堆，墓葬为穹隆顶砖券单室结构，由墓道、过洞、天井、甬道、墓室五部分组成。墓室平面呈弧边方形，东西长6.65米，南北宽6.3米，墓底距墓顶8.1米。此墓先后5次被盗，出土器物大多残碎，经初步整理，随葬品500余件，大部分发现于墓室。墓道和墓室遍布彩绘壁画，保存基本完整，共约330平方米，墓道壁画内容是仪仗队，墓室壁画上层是天象图，下层是墓主生前的生活图景。

徐显秀墓是目前考古发掘的北齐壁画墓中保存最为完好的一座，反映了太原地区在东魏、北齐时期的重要地位，折射出西域文化的影响和民族文化的交流。徐显秀墓壁画使古代疏体绘画的概念更加明晰，其中的许多具体形象和绘画技法堪称中国美术史上的重大发现。

位置　太原市迎泽区郝庄镇王家峰村东

时代　北齐

类型　古墓葬

徐显秀墓壁画①

徐显秀墓壁画②

徐显秀墓甬道正面

永祚寺

位置 太原市迎泽区郝庄镇郝庄村

时代 明代至清代

类型 古建筑

2006年，被国务院公布为第六批全国重点文物保护单位。

永祚寺俗称“双塔寺”。据文峰塔顶铭文记载，文峰塔建于万历二十七年（1599），其时寺名为“永明寺”。万历三十五年（1607）扩建，新增殿宇与宣文塔，更名“永祚寺”。清顺治十五年（1658）、1927年维修。

寺坐南朝北，依山而建，占地面积3.08万平方米，由寺院和塔院两部分组成。寺院居西北，二进院落布局，中轴线上有山门（新建）、二门、大雄宝殿和三圣阁，两侧为一进院东西厢房（新建）和禅房、客房。塔院居东南，现存明代砖塔2座。寺内保存有明、清碑碣260余通（方），其中明代石刻珍品《宝贤堂集古法帖》180余方、清代《古宝贤堂法帖》48方、清代著名书法家祁寯藻《子史粹言》石碑4通。另外，还有明钟1口。

大雄宝殿亦称“无梁殿”，二层砖雕仿木无梁结构。一层面阔五间，琉璃剪边屋面，檐下砖雕双翘五踩斗栱，青砖砍磨檐柱六根，柱下须弥座式柱础。二层三圣阁面阔三间，单檐歇山顶，琉璃剪边屋面，檐下砖雕仿木柱、枋、檩、斗栱、垂莲柱等与一层一致，阁内明间为正方形穹隆顶，上设八角仿木藻井。一层存3尊塑像，其中阿弥陀佛为明代贴金铜像。二层阁内存有明代彩塑9尊。

塔院内双塔对峙，宣文塔居西北，文峰塔居东南，均为八角十三层楼阁式空心结构砖塔，各层砖雕斗栱承托屋檐，一至七层用重翘五踩斗栱，八层以上改为单翘三踩。宣文塔建成于明万历四十年（1612），高度为 54.78 米，收分明显，各层塔檐均用孔雀蓝琉璃剪边，塔顶设宝瓶式塔刹。文峰塔建于明万历二十七年（1599），高度为 54.76 米，塔身呈直线形，不做收分，塔檐为砖雕筒板瓦屋面，塔顶设三节宝葫芦式塔刹。

永祚寺是国内罕见的全部采用砖仿木无梁建筑的寺院，寺内的大雄宝殿、禅堂、客堂、三圣阁均为明代无梁砖结构建筑的代表。双塔从建成至今一直是太原城市地标，是全国砖塔成双组合实例中形制最完善、规模最大、塔身最高的一组。

永祚寺山门

永祚寺远景

永祚寺大雄宝殿

太原大关帝庙

位置：太原市迎泽区庙前街道庙前街36号

时代：明代至清代

类型：古建筑

2013年，被国务院公布为第七批全国重点文物保护单位。

太原大关帝庙创建年代不详，至迟在金元时期已建成。据清道光《阳曲县志》记载，明代太原府城内有27座关帝庙，此关帝庙是规模最大的一座，故称“大关帝庙”。明嘉靖七年（1528）、1941年均有修葺。

庙坐北朝南，二进院落布局，南北长80余米，东西宽40余米，占地面积3200平方米。中轴线由南向北依次建有山门、崇宁殿、春秋楼，两侧为钟鼓楼、东西廊庑、东西配殿、东西配楼等。现存崇宁殿为明代遗构，其余为清代建筑。庙内存有石碑5通。

山门面阔三间，进深四椽，单檐悬山顶，灰陶筒板瓦屋面，孔雀蓝琉璃瓦剪边，明间辟门作为入口，前檐出歇山顶抱厦，檐下施双昂五踩斗栱，门上悬“关帝庙”匾。门外两侧建有八字影壁墙，门槛两侧立有抱鼓石狮门枕石一对。

崇宁殿为明代遗构，砖砌台基，面阔三间，单檐歇山顶，灰陶筒板瓦屋面，孔雀蓝琉璃瓦剪边，前檐明间出卷棚歇山抱厦作为献亭。殿内梁、枋、柱等用材大，梁架为五架梁后压双步梁用三柱，柱头有卷杀。前檐明间开四扇六抹隔扇门，次间开四抹隔扇窗，后檐明间开板门。

春秋楼位于中轴线北端，面阔三间，五檩无廊，二层单檐歇山顶，绿琉璃瓦剪边屋面。

太原大关帝庙全景

大关帝庙保留了较为完整的礼制建筑布局，是古代太原城“左文右武”礼制建筑格局的重要组成部分，见证了太原城市礼制建筑格局的发展历史。

太原大关帝庙山门

太原大关帝庙崇宁殿

太原大关帝庙春秋楼

太原清真寺

位置　太原市迎泽区柳巷街道解放路48号

时代　明代至清代

类型　古建筑

2013年，被国务院公布为第七批全国重点文物保护单位。

太原清真寺又名“崇真寺”，此寺建于唐贞元年间，元、明、清三代均有重修。寺坐西朝东，二进院落布局，占地面积2960平方米。寺内中轴线由东向西依次建有门楼（山门）、省心楼、壁廊、礼拜殿，两侧为南北廊、北讲堂、阿訇室、沐浴室（水房）、南北碑亭、牌坊、女学楼等。现存礼拜殿、省心楼、讲经堂、风火墙、壁廊、南北碑亭、琉璃照壁心等为明清遗构，山门、牌坊为清代遗构。寺内存有明碣1方，清碑3通，古槐1棵，明、清名人题匾23块。

省心楼为二层重檐歇山顶建筑。一层面阔、进深均为三间。二层面阔一间。一层檐下施三踩斗栱，二层檐下施五踩斗栱。

礼拜殿位于二进院西端，面阔五间，进深十三椽，用勾连搭方式将三组构架组合在一起，前为四檩卷棚，中为七檩无廊硬山，后为五檩无廊硬山。殿内装饰有明显的阿拉伯风格，凡拱门、圆柱均沥粉贴金彩绘。

碑亭位于省心楼南北两侧，北亭立清康熙三十三年（1694）碑1通，南亭立清同治七年（1868）碑1通。

牌坊现立于西门口外，为二柱木构悬山式，柱间平板枋上施七踩斗栱五攒。额枋间置“清真古寺”匾。

太原清真寺采用了中国寺院的完整布局，加上中西合璧的建筑装饰，是清真寺建筑艺术发展的重要实物例证。

太原清真寺牌坊

太原清真寺省心楼

太原清真寺礼拜殿室内

太原纯阳宫

位置　太原市迎泽区柳巷街道起凤街1号

时代　明代至清代

类型　古建筑

2013年，被国务院公布为第七批全国重点文物保护单位。

太原纯阳宫俗称“吕祖庙”，始建于宋末，明万历二十五年（1597）扩建，清乾隆、嘉庆二朝又有增建。

宫坐北朝南，现存五进院落，占地面积5246平方米。中轴线由南向北依次为宫门（新建）、“吕天仙祠”木牌坊、二道宫门（道德门）、过厅、吕祖殿（纯阳殿）、虚无洞、方形单间回廊亭、灵宝洞、玉皇阁（巍阁），两侧建有各院厢房、配殿及八卦楼等。原宫门、献殿、吕祖殿、回廊亭、九窑十八洞、玉皇阁、四进院东西配殿为明代遗构，其余为清代遗构。宫院内另保存有铁狮2对、石狮3对、琉璃狮1对，还有铜弥勒像、铜关公骑马像、石柱等，碑廊中存造像18尊、碑76通（方）。

原宫门是现存院落二道宫门，设有三道门洞，中间高，两侧略低，砖券仿木构，顶部覆盖孔雀蓝琉璃瓦。中门洞上部南有“道德之门”、北有篆体“篷壶佳瑞”门匾。两边门洞南面上方分别书有“飞龙”“伏虎”字匾。顶部覆盖孔雀蓝琉璃瓦。

吕祖殿又名“纯阳殿”，砖砌台基，面阔三间，五檩无廊式构架，单檐歇山顶，孔雀蓝琉璃瓦剪边屋面。檐下无斗栱，卷云梁头上承挑檐檩，额枋、平板枋上皆施苏式彩画。前檐明、次间设隔扇门，方格窗棂，素面裙板。后檐明间设板门，

太原纯阳宫鸟瞰

太原纯阳宫宫门（新建）

太原纯阳宫吕祖殿

两山墙施八边形砖券窗。殿前设砖甬道，两侧为石雕柱板围栏，雕刻精细。台阶下有琉璃狮子 1 对。

“九窑十八洞”即第三进院落，总平面呈八角形。底层用砖券窑洞八面围合，南北向的门洞前后贯通。窑洞之上在四面建楼一座，转角部位各建九角亭一座。院落中央设回廊亭，底层方形，上层为八角攒尖的二层亭楼，绿琉璃瓦屋面。

玉皇阁，三层砖木混合建筑，位于宫内最北端。底层的潜真洞为砖石结构，面阔七间，进深三间；二层木阁，面阔五间，单檐歇山顶，黄、绿琉璃瓦屋面；三层楼阁，面阔一间，单檐歇山顶。

纯阳宫总计有殿堂 70 余间，布局严谨、类型众多、洞台亭阁、殿楼相间，加之宫内古柏参天、碑碣众多，壮丽中透出灵秀、宏伟中蕴含逸趣，既是道教建筑文化的优秀范例，又是中国传统古典园林建筑的珍贵遗存。

太原纯阳宫原宫门

崇善寺大悲殿

位置　太原市迎泽区文庙街道崇善寺街9号

时代　明代至清代

类型　古建筑

2013年，被国务院公布为第七批全国重点文物保护单位。

据清道光《阳曲县志》记载，崇善寺原为隋炀帝行宫，唐代建有白马寺，宋元时期建有延寿寺。明洪武十六年（1383），朱元璋三子晋恭王朱棡为纪念其母孝慈高皇后马氏，在旧寺院遗址上新建崇善寺。崇善寺后为太原府僧纲司所在地。清同治三年（1864），崇善寺被火焚毁，仅存大悲殿及一些附属建筑。

寺坐北朝南，东西长220米，南北宽100米，占地面积约2.2万平方米。寺院沿东西方向排布三组院落，仅有中间院落的大悲殿、山门和钟楼为明代遗构，其余皆为后期新建。寺内藏有宋、元、明版等古代经书三万余卷，且大部分为木刻书法珍本；另有《释迦世尊应化示迹图》《善财童子五十三参图》两套壁画临摹本。寺内还存有明洪武二十四年（1391）铸造的铁狮1对以及明正统十四年（1449）铸造的大钟1口。

大悲殿前设月台，面阔七间，九檩双槽殿身加副阶周匝的重檐歇山顶建筑，屋面为黄、绿琉璃瓦剪边，通高近20米。前檐明、次间设四抹方格隔扇门，梢、尽间设隔扇窗。后檐明间设板门。斗栱布局疏朗，除下檐尽间无平身科外，其他逐间两攒，上檐单翘重昂七踩斗栱，下檐重昂五踩斗栱。殿内柱网布列规整，设井口天花，天花及下部梁架施沥粉彩画，天花上部则为草架，不施彩画。大悲殿内须弥座上设三尊木骨泥塑贴金菩萨立像，高达8米，中间为千手千眼观世音菩萨，右为千手

崇善寺大悲殿

崇善寺大悲殿千手千眼观音菩萨塑像

千钵文殊菩萨，左为普贤菩萨。

崇善寺大悲殿是我国现存保存最完整的明代建筑之一，是官式营造制度和山西地方匠作技艺结合的典范。殿中三尊体量庞大、造型精致的木骨泥塑，两套色彩鲜艳如初的壁画临摹本，均是艺术史上稀有的重要遗存。三万余卷经藏是佛教史上的珍贵资料。

太原文庙

位置：太原市迎泽区文庙街道文庙巷3号

时代：清代

类型：古建筑

2013年，被国务院公布为第七批全国重点文物保护单位。

太原文庙始建于北宋太平兴国七年（982），金、明两代重修并扩建。文庙原址在太原城西水西关，清光绪初年因汾河泛滥造成损毁，光绪八年（1882）迁至现址。现为山西考古博物馆所在地。

庙坐北朝南，四进院落布局，占地3.1万余平方米，中轴线由南向北依次建有琉璃团龙照壁、棂星门、泮池、大成门、大成殿、崇圣门和崇圣祠，两侧分列东西六角井亭、西礼门、东西配房、乡贤祠、名宦祠、东西庑等。东西六角井亭为明代遗构，其余建筑为清代遗构。庙内存有铁狮3对、铜狮1对、古树名木23棵。

棂星门建于石砌台基上，为四壁夹三门六柱三牌楼式，门间以照壁墙间隔，次门外边柱亦设照壁墙，四组琉璃照壁下设须弥座，壁身正中镶嵌琉璃团龙，墙上设单昂三踩琉璃斗栱，墙帽琉璃瓦覆盖，上置正脊。楼为悬山顶，冲天式柱，柱头套琉璃筒帽。明楼檐下五昂十一踩斗栱，次楼四昂九踩斗栱，柱前后设夹杆石及戗柱支撑。明楼檐下蓝底金字匾额楷书“棂星门”。

大成门，面阔五间，七檩无廊，单檐歇山顶，琉璃瓦屋面，檐下施单昂三踩斗栱。

大成殿，石砌台基，殿前青石丹墀出三陛，宽大甬道与大

太原文庙鸟瞰

太原文庙牌楼

成门相连，两边设台阶。殿身面阔七间，进深十椽，单檐歇山顶，蓝琉璃瓦剪边，正中有三个琉璃方心，脊和吻兽为黄琉璃瓦烧制。檐下重昂五踩斗栱，平身科每间二攒。斗栱、栱眼壁、檐檩、额枋均施彩画。殿内设平棊天花。

太原文庙棂星门

太原文庙大成殿

六角亭，砖砌台基，六角形平面布局，单檐六边形盝顶，琉璃剪边屋面，檐下三踩斗栱，亭身为木柱梁结构，正面辟门，其他面设窗。

太原文庙格局完整，建筑年代清晰，是我国现存同期府级文庙的代表。庙内现存的明代盝顶六角亭，是我国同时期建筑的珍稀实例。

东太堡遗址

位置：太原市迎泽区东太堡、许坦、狄村一带

时代：新石器时代、夏代、汉代

类型：古文化遗址

1986年，被山西省人民政府公布为第二批省级文物保护单位。

东太堡遗址于1954年被发现，遗址范围内发现有仰韶中期的彩陶残片，此外还有夏时期的夹砂灰陶罐、鬲、豆及骨刀、磨制石器等。1961年曾在遗址内清理汉代多室墓葬一座，出土铜钟、铜盆、铜鼎以及半两钱等。1975年陆续调查发现夏时期的夹砂灰陶、泥质灰陶斝、鬲、罐、豆、盆、甗、爵等，还发现多座石棺墓，随葬高领鬲、碗形豆等。

东太堡遗址的出土遗物主要为具有当地特色的高领鬲、腰隔甗、蛋形瓮等，也有来自二里头文化的爵，还有来自太行山东麓先商文化中的刀足鼎等。

东太堡遗址发现的夏时期遗存尤为引人注目，以东太堡遗址命名的“东太堡文化”或“东太堡类型”成为界定晋中夏时期遗存的重要标准。

东太堡遗址出土陶甗

孟家井瓷窑遗址

1965年，被山西省人民委员会公布为第一批省级文物保护单位。

孟家井瓷窑遗址面积2000余平方米。地面现存瓷窑2座，根据位置，分别定为东窑和西窑，均为清代的馒头窑。地表采集有明代的白釉瓷片，装饰手法有画花，可辨器形有碗等；清代瓷片有白釉、酱釉，装饰手法有画花，纹样有文字等，可辨器形有碗、灯盏、器盖。采集的瓷片多采用支钉、垫沙的烧造方法。另采集有清代的龙纹瓦当残片。

遗址范围内采集标本以碗、碟为主，另有罐、钵、灯、枕等器物。釉色以黑、白釉为主，另有少量青、紫釉器物。在烧制方法上，以金代典型的用盘、碗内底刮釉一圈的叠烧方法为主，此外还有支钉、垫圈支烧等。烧造的器物以白釉印花碗最为精美。

孟家井瓷窑创烧于宋代，历经元、明、清等朝代，至民国仍在烧制，具有悠久的烧瓷历史。发现的大量瓷片和文物，为研究中国古代瓷器发展史提供了宝贵的实物资料。其所产瓷器具有鲜明的地方特色，如绞胎瓷、黑釉油滴瓷、黑釉兔毫瓷等，这些瓷器不仅展示了当时工匠的高超技艺，也反映了当地的文化风貌和审美情趣。

位置：太原市迎泽区郝庄镇孟家井村

时代：宋代至清代

类型：古文化遗址

孟家井瓷窑遗址西窑窑口

孟家井瓷窑遗址出土白瓷瓶

晋恭王墓

位置　太原市小店区北营街道办事处老峰村西北民航街北侧

时代　明代

类型　古墓葬

2021年，被山西省人民政府公布为第六批省级文物保护单位。

清光绪《山西通志》载：“恭王墓，在城东南驼山。”晋恭王墓墓地分布面积48万平方米。墓区地面现存圆形封土堆1座，底径约9.8米，残高约4米；夯土墙2段，位于封土堆南、北两侧，北段残高约4米，长约389米，南段残高约3米，长约204米，厚度均为1米。

晋恭王墓是明代晋恭王朱棡的墓葬。朱棡为明太祖朱元璋第三子，第一代晋王，谥号恭。朱棡作为明代初期的重要藩王，其陵墓不仅是明代皇室家族历史的重要实物见证，也是研究明代藩王制度、墓葬习俗以及地方历史文化的宝贵资料。通过研究晋恭王墓，我们可以更深入了解明代初期的政治、经济、文化等方面的历史信息。同时，晋恭王墓墓室的建筑布局、雕刻工艺以及随葬品的制作等也是研究明代艺术风格和技艺的重要实物资料。

晋恭王墓墓室

晋恭王墓墓室彩画

延圣寺

位置 太原市小店区小店街办事处孙家寨村

时代 清代

类型 古建筑

2016年，被山西省人民政府公布为第五批省级文物保护单位。

据清道光《太原县志》记载，延圣寺始建于唐代，初名“圣人庙”，明代中期被水淹没，万历二十二年（1594）重建，清乾隆三十六年（1771）重修。据寺内存碑记载，清同治九年（1870）该寺再次维修。

寺院坐北朝南，二进院落布局，中轴线上由南向北依次建有山门、天王殿、过殿和正殿，两侧为钟鼓楼、东西配殿、碑廊及耳房。现存建筑均为清代遗构。寺内存碑3通。

正殿砖砌台基，面阔五间，六檩前廊式，单檐悬山顶，灰陶筒板瓦屋面，琉璃脊饰。前廊檐下施单昂三踩斗栱，各间设平身科二攒，昂、耍头及厢栱均做精美雕刻。廊柱间设镂雕龙纹、博古图案骑马雀替。殿内梁架遍施彩画。

延圣寺格局保存比较完整，建筑构件木雕精美，为太原地区清代寺院布局及建筑构造做法的实物例证。

延圣寺航拍图

延圣寺正殿

西蒲甘露寺

位置 太原市小店区北格镇西蒲村

时代 清代至民国

类型 古建筑

2021年，被山西省人民政府公布为第六批省级文物保护单位。

西蒲甘露寺原名“甘露庵”，创建年代不详，清光绪四年（1878）重修。

寺院坐东朝西，二进院落布局，东西长40米，南北宽18米，占地面积720平方米。中轴线由西向东依次建有山门、过殿和正殿，两侧为钟鼓楼、南北便门、南北配殿及南北耳殿。现存建筑除一进院南、北配殿为民国建筑外，其余全部为清代遗构。寺内保存明代木刻雕像3尊、清碑1通、古树1棵。

正殿台基高0.4米，面阔三间，六檩前廊，单檐悬山顶，灰陶筒板瓦屋面。前廊檐下施单昂三踩斗栱，昂、耍头及厢栱均做精美雕刻，各间设平身科三攒，柱头科与平身科雕刻不同，平身科中间攒与两侧又有差异，栱眼壁施壁画，额枋施彩画，在檐下形成极富变化的斗栱组合。明间廊柱间设二龙戏珠图案骑马雀替。门窗装饰为龟背绵纹样。

西蒲甘露寺格局完整，建筑构件木雕精美，是研究太原地区明清寺院布局及建筑构造的实物例证。

西蒲甘露寺正殿

唱经楼

位置

太原市杏花岭区鼓楼街道鼓楼街33号

时代

明代至清代

类型

古建筑

2013年，被国务院公布为第七批全国重点文物保护单位。

唱经楼是旧时山西科考唱榜之处。建于明代初期，重修于明正德年间，明万历年间扩建，清康熙三十五年（1696）增建春秋楼，清道光八年（1828）重修。

现存唱经楼和正殿为明代建筑，春秋楼和通廊为清代建筑。唱经楼在南，以通廊连接北侧正殿，正殿之东连接春秋楼，四个建筑组合起来构成“L”形建筑群，占地面积约2000平方米。院内现存石碑2通。

唱经楼为两层楼阁式建筑，平面呈方形，十字歇山顶，孔雀蓝琉璃瓦屋面。一层面阔三间，进深三间，明间出卷棚抱厦檐，屋面围脊上立琉璃花砖。二层面阔、进深均一间，檐下施双翘五踩斗栱。柱间施隔扇门窗。

正殿面阔三间，进深五椽，单檐歇山顶，孔雀蓝琉璃瓦屋面，檐下不设斗栱。

通廊位于唱经楼与正殿之间，面阔三间，进深一间，单檐卷棚顶，孔雀蓝琉璃瓦屋面。

春秋楼在正殿东侧，高两层，一层为三间窑洞，前出单坡抱厦，二层木构楼阁，面阔三间，进深两间，单檐悬山顶，一、二层均为孔雀蓝琉璃瓦屋面。

唱经楼四座建筑屋顶形式各不相同，均施精美琉璃构件，整体呈不对称“L”形布局，布局、形制独具特色。同时，唱经楼是明清时期山西科考揭榜唱名之地，是研究古代科举制度、科考仪式、社会教育思想观念的珍贵实物遗存。

唱经楼鸟瞰

唱经楼

净因寺

位置 太原市尖草坪区上兰街道土堂村西

时代 金代至明代

类型 古建筑

2006年，被国务院公布为第六批全国重点文物保护单位。

净因寺又称“大佛寺”，创建年代不详，据传汉代时此地土山崩裂，土丘形似佛像，故建寺。据《大元一统志》及寺碑记载，五代后唐长兴元年（930）题额，金泰和五年（1205）扩建，明、清多次修葺。

寺依山崖而建，分前后二进院落，形成两条垂直轴线，占地面积5700平方米。前院坐西朝东，中轴线上由东向西依次建有天王殿（原山门）、大佛阁，两侧存南殿，山门北侧为禅房。后院坐北朝南，中轴线上由南向北依次建有韦陀殿、大雄宝殿，两侧有地藏殿、观音殿。大佛具体建造年代不详，韦陀殿、大雄宝殿、观音殿、地藏殿为明代遗构。寺内存塑像30余尊、碑12通、经幢1座、古树名木3棵。

大佛阁坐西朝东，建在高1米的月台上，面阔三间，重檐歇山顶，绿琉璃剪边，底层前檐施五踩异形斗栱。前半部为砖石券窑洞，后半部为土券窑洞，建筑面积205.6平方米。阁内塑阿弥陀佛，佛像高约10米，结跏趺坐，左右各塑一尊胁侍菩萨，高3.7米。洞前建单坡重檐歇山顶窟檐，上层前檐置木制栏杆。

净因寺整体格局较为完整，是研究我国明代寺庙建筑群体布局的珍贵资料。寺内建筑形制、斗栱做法、琉璃烧造等具有典型的山西地域特征，寺内塑像为研究相应时期佛教艺术提供了实物遗存。

净因寺全景

净因寺土堂大佛

净因寺大雄宝殿彩塑

窦大夫祠

位置 太原市尖草坪区上兰街道烈石路1号

时代 元代至清代

类型 古建筑

2001 年，被国务院公布为第五批全国重点文物保护单位。

窦大夫祠为纪念春秋时晋国大夫窦犨而建，因祠依傍烈石口，故又名“烈石神祠”。祠始建年代不详，据碑文记载，唐代已有，宋元丰八年（1085）原址被汾水所淹，遂北移重建，并封窦犨为英济侯，故又称“英济祠”。至元十二年（1275）又予重建，明、清均有修葺、增建。

祠坐北朝南，一进院落布局，占地面积 4428 平方米。中轴线上由南向北依次建有乐楼、山门、献殿和正殿，两侧为钟楼、鼓楼、东西配房和耳房。现存山门、献殿、正殿为元代遗构，正殿耳房为明代遗构，余皆为清代建筑。祠内存碑 24 通、碣 4 方。

献殿平面呈方形，面阔一间，进深六椽，单檐歇山顶，琉璃瓦剪边屋面。檐下施五铺作双下昂，阑额、普拍枋用材较大，柱子侧脚、卷杀明显，柱下用覆盆柱础。殿内抹角梁上设八角藻井，由层层小木作斗栱交错叠涩而成，四周设天宫楼阁装饰。

正殿建于石砌台基之上，面阔五间，进深六椽，单檐悬山顶，孔雀蓝琉璃瓦剪边、方心。檐下施五铺作双下昂斗栱，各间设补间铺作二朵。柱头略有卷杀。当心间辟板门，彩绘二龙戏珠图案，门内侧有铁铸“大元国至元十二年”题记，次间置直棂窗。献殿与正殿梁架有机结合。

窦大夫祠基本保持元代建筑格局，祠内正殿、献殿和山门呈现典型元代建筑风格，藻井、板门及彩绘是反映元代艺术的珍贵实物遗存。

窦大夫祠正殿和献亭

窦大夫祠献殿藻井

窦大夫祠板门龙饰

多福寺

位置 太原市尖草坪区柴村街道多福村

时代 明代至清代

类型 古建筑

2006年，被国务院公布为第六批全国重点文物保护单位。

据清道光《阳曲县志》及碑载，唐贞元二年（786）已有多福寺，称“崛嵎教寺”，宋末毁于兵燹。明洪武年间重建，弘治年易名“多福寺”，天启、万历和清代屡有修葺。

寺坐落在崛嵎山巅，依地势而建，坐北朝南，三进院落布局，占地面积10770平方米。中轴线依次建有山门、大殿、藏经楼和千佛殿（复建），东西两侧为钟楼、鼓楼、黑龙殿、文殊阁、厢房，寺东南约1千米处有砖砌舍利塔1座。现存建筑大殿、文殊阁、藏经楼为明代遗构，千佛殿为新建，其余皆为清代建筑。寺内存明代塑像13尊，壁画90.93平方米，明天顺二年（1458）铁钟1口，明、清重修碑及记事碑12通。

大殿建于砖砌台基之上，前设月台，面阔五间，进深八椽，通檐七架梁外加围廊一圈，单檐歇山顶，绿琉璃瓦剪边、方心，柱头科为双昂五踩，平身科每间二攒，明间六扇六抹、次间四扇六抹一码三箭隔扇，梢间一码三箭槛窗，后檐墙明间设四扇六抹隔扇门。殿内正中设佛坛，上塑金妆三身佛，结跏趺坐于莲花座上，木雕背光，两侧为胁侍菩萨及力士塑像，释迦牟尼佛像背面塑有倒坐观音。殿内后壁、两山墙绘佛传故事壁画84幅，均沥粉贴金。

舍利塔高七层，平面呈六角形，实心楼阁式砖塔，塔体为锥形，轮廓直线收刹，各层叠涩出檐。

多福寺建筑布局

多福寺大雄宝殿彩塑

多福寺鸟瞰

多福寺依山就势而建，建筑格局错落有致，是太原崛嵎山人文景观的重要组成部分，寺内彩塑塑工极佳，体态、服饰体现时代地域特征，壁画绘制精细考究，具有较高的艺术价值。

晋阳古城遗址

位置 太原市晋源区晋源街办古城营村周围

时代 春秋至五代

类型 古文化遗址

2001年，被国务院公布为第五批全国重点文物保护单位。

城址建于晋定公十五年（前497），为晋卿赵简子家臣董安于所筑。此后历经秦汉、三国、南北朝、隋唐、五代等时期，城址不断扩建和修缮。宋太平兴国四年（979），晋阳城被火焚水灌，夷为平地。明洪武六年（1373），于晋阳古城遗址南关建平晋县，洪武八年（1375）改称太原县，筑太原县城。东魏、北齐以及隋唐时期是晋阳最辉煌的时期，盛唐时曾为三京之一。

遗址西靠龙山，东临汾河，海拔770—800米，面积20平方千米，现存城南墙东西残长626.4米，西墙长约2700米。遗址内还保留有隋唐时期创建、明代重修的惠明寺塔，金代创建，明、清重修的九龙庙等建筑。晋阳古城西部地区有天龙山石窟、蒙山大佛、圣寿寺、童子寺、开化寺遗址等六朝时期遗存，隋唐的石窟寺观分布也很广泛。

晋阳古城是同时代大型城市遗址之一，其坚固的城建设施和先进的建设技术，对研究春秋战国的历史和城建技术有很高的价值。发生于此的著名的“水灌晋阳”之战，奠定了“三家分晋”的基础，是春秋战国的分水岭。宋毁晋阳后，古城遗址较完整地保留了隋唐五代时期的城市原貌，这种现象十分少见，具有重大的考古研究价值。古城遗址附近出土的石刻造像为研究北齐、隋唐时期艺术提供了重要资料。晋阳古城遗址周围出土的金胜赵卿墓、王郭娄睿墓、虞弘墓等，在国内考古史上有重要价值。

晋阳古城遗址一号建筑基址夯土解剖

晋阳古城遗址一号建筑基址三期全景

晋阳古城遗址现存西城墙

晋阳古城遗址二号建筑基址 TG3 ④ a 层下北壁剖面

童子寺遗址

位置　太原市晋源区西镇村西北处龙山上

时代　北齐至唐代

类型　古文化遗址

2019 年，被国务院公布为第八批全国重点文物保护单位。

北齐天保七年（556），僧宏礼禅师创建童子寺。天保十年（559），文宣帝登临童子寺。唐显庆末年，李治与武则天巡幸并州，瞻礼童子寺大佛。金天辅元年（1117），童子寺毁于兵火。明正德初年（1506），重建童子寺寺院区。清代两次重修，嘉庆以后童子寺废弃。

童子寺遗址坐西朝东，分为南、北两个部分，北部为佛阁区，南部为寺院区，相距 65 米。佛阁区和寺院区皆因山势而建，石窟和地面寺院构成“前寺后窟”的山地寺院模式。

佛阁区位于北部，坐西朝东，为寺内主体建筑和礼拜、供养的场所，包括佛阁与前廊、前廊北部建筑基址和南部遗迹。佛阁后接摩崖石龛，龛内有无量寿佛、观世音、大势至菩萨三尊像，佛阁前有北齐燃灯石塔。

寺院区位于南部，平面呈长方形，是寺内礼拜、起居、禅修的场所，虽属明代建筑，但正殿宝装覆莲柱础为北齐样式。中轴线上有山门、经幢和正殿，左右有配殿和钟鼓楼，其西侧和北侧约 15 米为自然山体，崖壁上有北齐时期开凿的 5 个洞窟。

童子寺遗址的发掘对于研究北齐时期寺院的形制布局及佛教史具有重要意义。北齐佛阁是中国早期佛教寺院建筑的实物，为探讨唐代寺院中佛阁建筑的渊源提供了直接证据。北齐佛教造像为研究北齐太原佛教造像样式提供了翔实资料。

童子寺遗址远景

童子寺遗址

蒙山开化寺遗址

位置　太原市晋源区罗城街道办事处寺底村

时代　北齐

类型　古文化遗址

2019年，被国务院公布为第八批全国重点文物保护单位。

蒙山开化寺建于北齐天保二年（551），依山崖雕造高大佛像，即“晋阳西山大佛”。隋代建高大佛阁，改称“净名寺”。唐高祖和高宗都曾到此瞻礼，复改名“开化寺”。北宋建释迦、如来二砖塔，均为方形，基座相连，称“连理塔”，外形俊美，雕造秀丽。

蒙山开化寺遗址分为上、下寺，蒙山为上寺，下寺在古晋阳城内。由晋阳古城西北行，进入开化沟，沿沟西行抵寺底村，村后山坡上即为开化寺遗址。村西北有一条冲沟，沿沟行500余米，至沟尽头登山，即为蒙山大佛所在的大肚崖。蒙山大佛属于摩崖敞口式大龛，居蒙山近山顶处，系利用陡直的崖面开凿而成，龛前建木构大佛阁。

蒙山开化寺遗址在世界石窟史、佛教史上均有重要的地位。

蒙山开化寺遗址蒙山大佛

蒙山开化寺遗址连理塔

晋祠

位置：太原市晋源区晋祠镇晋祠社区悬瓮山麓

时代：宋代

类型：古建筑

1961年，被国务院公布为第一批全国重点文物保护单位。

晋祠相传是纪念周成王胞弟唐叔虞的祠堂，因其国号晋，故名。郦道元《水经注》和《魏书·地形志》已有关于晋祠的记载，可知晋祠兴建于北魏以前。北齐天保年间在晋祠“大起楼观，穿筑池塘”。天统五年（569）下诏改晋祠为大崇皇寺。五代天福六年（941）改为兴安王庙。宋太平兴国四年（979）扩建。宋天圣年间在祠内西隅为叔虞之母邑姜营建了圣母殿。熙宁年间改庙为惠远祠，重修鱼沼飞梁，飞梁前方增建献殿、牌坊、钟鼓楼、金人台、水镜台等。明代在圣母殿南侧添建水母楼，复名为晋祠，逐渐形成以圣母殿为主体的祠庙建筑群。清代以后，续有增建与修缮。

晋祠内建筑布局由中、北、南三部分组成，中轴线上建有山门、水镜台、会仙桥、金人台、对越坊、献殿、鱼沼飞梁和圣母殿，两侧为关帝庙、文昌宫、唐叔虞祠、三圣祠、奉圣寺、胜瀛楼等建筑。现存建筑中圣母殿、鱼沼飞梁为宋代遗构，献殿为金代遗构，景清门为元代遗构，叔虞殿及奉圣寺中殿木构部分尚存元制，余皆为明、清建筑。圣母殿、鱼沼飞梁、献殿被文化部鉴定为国宝建筑。

圣母殿坐西朝东，石砌台基，殿高19米，面阔七间，进深六间，重檐歇山顶，黄、绿琉璃瓦剪边。殿身四周建有围廊，前廊进深两间，檐柱侧脚、生起显著。柱上斗栱形制多样，柱头补间及上下檐相异，梁架简洁，保持着宋制特征。殿内正中神龛内供奉邑姜，四周环列侍女像42尊，为宋代彩塑珍品。

鱼沼飞梁位于圣母殿前。方形池沼之上架十字形板桥，曰“飞梁”，宋代建造。沼中立小八角石柱34根，用斗栱和梁枋支撑桥面，连至池岸，桥边设钩栏。

献殿在飞梁之东，是祭祀圣母的享堂，建于金大定八年（1168）。面阔三间，进深两间，单檐歇山顶，梁架为彻上露明造，斗栱简洁，出檐深远，前后当心间辟门，四周槛墙上栅栏围护，外观酷似凉亭。

此外，祠内还有传说中的周柏、唐槐，唐太宗李世民行书《晋祠之铭并序》石碑，宋绍圣四年（1097）、宋政和八年（1118）铸造之铁人、铁狮等，均为不可多得的珍贵文物。

晋祠是中国现存最早的古典宗祠园林建筑群。圣母殿是中国宋代建筑的代表作，对研究中国宋代建筑和建筑发展史有着重要意义。宋代建筑鱼沼飞梁，造型奇特，是中国现存唯一的古代木结构十字形桥梁建筑，在世界古代桥梁建筑史上也具有较高的科学、艺术、研究价值。

晋祠圣母殿宋塑侍女像

晋祠圣母殿

晋祠鱼沼飞梁

明秀寺

位置 太原市晋源区晋祠镇王郭村北

时代 明代至清代

类型 古建筑

2006年，被国务院公布为第六批全国重点文物保护单位。

明秀寺俗称“琉璃寺”，碑载其创建于汉代，明嘉靖二十一年（1542）毁于兵火后重建，清代重修。

寺坐西朝东，两进院落，中轴线上为山门、过殿和大殿。山门两侧为钟鼓楼，一进院过殿两侧各有厢房，二进院大殿前南北两侧分别有地藏殿、观音殿，寺庙外侧环以围墙，占地面积3320平方米。现存大殿为明代遗构，过殿及二进院北配殿为清代遗构，其余为新建。寺内有3棵柏树、1棵银杏树，均有千年树龄；另有明、清石碑各2通。

大殿面阔五间，七檩无廊，单檐歇山顶，殿顶绿琉璃瓦剪边，檐下柱头科为单翘单昂五踩斗栱，平身科为五踩溜金斗栱。殿内塑金妆三世佛，木雕背光，旁有四胁侍和二力士像。大殿前后壁及两侧山墙绘有千佛像、佛教故事壁画约80平方米。

过殿面阔五间，单檐悬山顶，殿内有布袋和尚及二童子塑像。第二进院落北配殿面阔五间，单檐硬山顶。

明秀寺整体建筑和彩塑、壁画均为明代手法，形式庄重，布局严谨，是研究明代绘画、雕塑艺术的重要实物资料。

明秀寺大殿

明秀寺大殿塑像

明秀寺大殿胁侍菩萨

晋源阿育王塔

位置　太原市晋源区晋源街道古城营村东

时代　明代至清代

类型　古建筑

2013年，被国务院公布为第七批全国重点文物保护单位。

据明嘉靖《太原府志》记载，晋源阿育王塔始建于隋仁寿二年（602），为当时晋阳古城内惠明寺院附属建筑。塔屡建屡毁。明洪武十八年（1385），在原址上重建惠明寺和阿育王塔，将原九层砖塔改建成喇嘛式佛塔。现惠明寺已毁，仅存阿育王塔，占地面积196平方米。

晋源阿育王塔为单层砖砌喇嘛塔，通高约25米。塔下为石砌方形塔基，边长13.8米。其上砖砌叠涩呈方锥平台基座，高1.65米。塔身为圆形覆钵状，上承相轮十三层，上置琉璃华盖承宝顶。

晋源阿育王塔反映了明代喇嘛塔的建筑形制特点，塔身秀美，曲线柔和，塔刹琉璃精美，是当地地标性建筑，具有较高的研究价值。

晋源阿育王塔近景

太山龙泉寺

位置：太原市晋源区罗城街道风峪沟太谷路

时代：明代至清代

类型：古建筑

2013 年，被国务院公布为第七批全国重点文物保护单位。

太山龙泉寺又名“太山寺”，据史料及寺内碑刻记载，始建于唐武周时期，明洪武二十四年（1391）重建，万历七年（1579）重修，清乾隆年间又进行了修缮和增建。

寺依山而建，坐北朝南，南北长 129 米，东西宽 49 米，占地面积约 6300 平方米。中轴线建有山门、中门、大雄宝殿、观音阁和莲花洞，两侧为钟楼、鼓楼、东西廊庑。大雄宝殿、观音阁、莲花洞为明代遗构，其余皆为清代建筑。寺内存碑 12 通，其中有唐景云二年（711）碑 1 通，字迹多已漫漶；还有龙神祠、老虎洞、塔林、唐槐等。另外，寺内还存有唐代佛塔塔基及金棺。

大雄宝殿为二层建筑，下层为砖砌窑洞，上层为木构部分，面阔五间，进深三间，单檐歇山顶，殿前有武周时期碑 1 通，明、清碑碣 8 通。观音阁结构奇巧，平面为八边形，攒尖顶，内有洞、石、花草悬塑，另有塑像 37 尊。

太山龙泉寺历史悠久，现存建筑格局保存较为完整，特别是观音阁内保存的明代悬塑和唐代地宫出土的文物具有很高的历史文化价值。

太山龙泉寺东坪全景

太山龙泉寺大雄宝殿

晋源文庙

位置 太原市晋源区新晋祠路588号

时代 明代至清代

类型 古建筑

2013年，被国务院公布为第七批全国重点文物保护单位。

据明嘉靖《太原府志》记载，晋源文庙始建于明洪武六年（1373），后屡有增建、修葺。

庙坐北朝南，二进院落布局，占地面积1.2万平方米。中轴线依次有棂星门、泮池、戟门、大成殿，两侧为各院东、西庑及乡贤祠。现存主体结构为明代建筑。庙内存清碑2通。

棂星门四柱三楼，悬山顶，绿琉璃瓦覆顶，柱下抱鼓石，前后出戗柱，檐下施单翘双昂七踩斗栱。

戟门面阔三间，进深六椽，单檐歇山顶，七檩无廊式构架，斗栱三踩单昂，明间为菱形隔扇门，次间为菱形隔扇窗。

大成殿面阔五间，七檩无廊，单檐歇山顶，绿琉璃瓦剪边屋顶，檐下施单翘双昂七踩斗栱。明、次间为菱形隔扇门，梢间为菱形隔扇窗，殿内顶设天花。

晋源文庙整体格局保存较完整，大成殿明代建筑特征明显，具有较高历史价值。

晋源文庙泮池

晋源文庙大成门

晋源文庙棂星门

天龙山石窟

位置：太原市晋源区晋祠镇柳明苑村五坡自然村天龙山

时代：东魏至唐代

类型：石窟寺及石刻

2001年，被国务院公布为第五批全国重点文物保护单位。

天龙山石窟始凿于1400多年前的北朝东魏时期。历经北齐、隋、唐历代开凿，共存石窟25座，分布面积约3000平方米。其中东魏石窟2窟、北齐石窟3窟、隋代石窟1窟、唐代石窟19窟。石窟自东向西分列于天龙山东、西两峰山崖之间，其中东峰分上、下二层，上层4窟（单独编号上层1—4窟），下层8窟（编号1—8窟）；西峰13窟（编号9—21窟），方向大多坐北朝南。窟室组合有双窟并列、前后室两进、单室等形制，主室平面多为方形，窟内以三壁三龛式最多，题材多为一佛二弟子或菩萨，造像以圆雕为主。

石窟共分四期开凿：

第一期开凿于北魏末至东魏时期（528—546），共2窟，即东峰上层第2、3窟。窟形为双窟，方形，覆斗顶，三壁三龛。窟门圆拱形，门侧雕有八角形门柱，柱头上雕有凤鸟。龛为圆拱龛，壁面及窟顶刻浅浮雕。造像多为坐姿，面相清瘦，身材修长，衣纹自然，端庄安详。

第二期开凿于北齐时期（550—577），共3窟，即东峰上层第1窟，西峰第10、16窟。窟形为前廊式，前廊三间，仿木结构，廊下雕有两根八角柱，柱下有覆莲柱础，柱头上置大额枋，枋上是一斗三升和人字形斗，窟门两侧各有一力士。造像均面相浑圆，身体硕壮。佛像发髻低平，面相浑圆，着褒衣博

天龙山石窟群

带式或袒右式袈裟，腿部出现双阴线衣纹。

第三期开凿于隋开皇四年（584），共1窟，即东峰第8窟。此窟是窟中央有方形塔柱的支提窟，在窟壁和塔柱四周凿龛造像。

第四期皆为唐代（673—704）开凿，共15窟。其中，西峰第9窟规模最大，分为上、下两层，窟前有明代所建漫山阁，阁为三层，重檐歇山顶。现存上层为弥勒大佛，下层以十一面观音像居中，左右为文殊、普贤二菩萨。

天龙山石窟还保存有相当数量的南北朝、隋唐时期建筑实物资料，如束莲式圆形或八角形柱、束莲式覆盆式柱础、人字栱和一斗三升栱等。

天龙山石窟雕刻技巧成熟、饱满、洗练，特色明显，被誉为“东方雕塑艺术的宝库”。

天龙山石窟漫山阁

天龙山石窟洞窟

天龙山石窟展厅

龙山石窟

位置　太原市晋源区晋祠镇西镇村西北

时代　元代至明代

类型　石窟寺及石刻

1996年，被国务院公布为第四批全国重点文物保护单位。

龙山石窟开凿在龙山东巅的灰白色砂崖壁上，现存9窟，分布面积46.69平方米。1—5窟、8窟、9窟坐北向南，6、7窟坐西向东。现存1—7窟为元代风格，8、9窟为明代所开。

龙山石窟平面多为方形，弧角平顶，圆拱形门，依龛内供奉雕像不同分为虚皇龛、三清龛、卧如龛、三天大法师龛、玄真龛、披云子自赞龛、七真龛、三皇龛及辩道龛，共有雕像87尊。造像题材皆为道教诸神和玄门列祖，风格粗犷，刀法拙重。

龙山石窟是国内现存最大的道教石窟，是研究道教发展史和道教石窟的珍贵实物。

龙山石窟远景

龙山石窟洞窟

龙山石窟三清洞

龙山石窟彩绘龙纹

东街秦氏民宅

位置：太原市晋源区晋源街道办事处东街村

时代：清代

类型：古建筑

2016年，被山西省人民政府公布为第五批省级文物保护单位。

东街秦氏民宅坐西朝东，由4座院落组成，占地面积约4050平方米。宅院高墙围绕，各院均砖砌门楼、影壁，由倒座、过厅、正房等建筑组成。

1号院为三进院落布局，中轴线有倒座、正房，两侧有一、二、三进院南北厢房各三间，院门位于东北角。正房砖砌高0.8米的台明，面阔五间，单坡硬山顶，明间施卷棚顶抱厦，檐下施双昂五踩斗栱，柱间设雀替。

2号院为二进院落布局，中轴线有倒座、过厅、正房，两侧有一进院南北厢房各三间、二进院南北厢房各五间，院门位于东北角。正房砖砌高0.6米的台明，面阔五间，单坡硬山顶，明间施卷棚顶抱厦，柱间有雀替，斗栱五踩双昂。

3号院为二进院落布局，中轴线有倒座、过厅、正房，两侧仅存一进院北厢房三间，院门位于东北角。正房砖砌高0.5米的台明，面阔三间，单坡硬山顶。

4号院为三进院落布局，中轴线建有倒座、正房，两侧为一进院南北厢房各两间，二进院、三进院南北厢房均三间，院门位于东北角。正房砖砌高0.6米的台明，面阔五间，单坡硬山顶，明间施卷棚顶抱厦，檐下施双昂五踩斗栱，柱间有雀替。

东街秦氏民宅的院落布局、单体建筑的结构类型和建筑风格反映了本区域当时民居建筑的营造水平，建筑上的斗栱、雀替、砖雕具有较高的艺术价值。

东街秦氏民宅全景

东街秦氏民宅 1 号院内景

古城营九龙庙

位置 太原市晋源区晋源街道办事处古城营村

时代 清代

类型 古建筑

2021年，被山西省人民政府公布为第六批省级文物保护单位。

据碑载，古城营九龙庙始建于宋初，金皇统七年（1147）、大定十六年（1176）及清代重修，庙内四角亭及两侧偏院为近代新建，其余均为清代遗构。

庙坐西朝东，一进院落布局，东西长59米，南北宽43米，占地面积2537平方米。中轴线建有戏台（兼作山门）、正殿，两侧有钟鼓楼、南北耳殿、南北配殿及南北偏殿。庙内存有古槐树1棵。

正殿石砌高1米的台基，面阔五间，七檩前后廊，单檐歇山顶，灰陶筒板瓦屋面。檐下施单翘三踩斗栱，龙形耍头。前檐明、次间设四扇六抹隔扇门，柱间施雕龙雀替。殿内明间后檐置木雕神龛一间。后檐墙及两山山花保存有清代壁画约35平方米。

戏台与山门合构。西侧为戏台，面阔三间，进深五椽，单檐卷棚歇山抱厦，台两侧设砖砌影壁，入寺通道设于戏台石砌台基中部。东侧为山门，面阔三间，进深四椽，单檐悬山顶，明间辟门做寺院入口。

古城营九龙庙基本保持了明清时期建筑格局，主要文物建筑的形制、工艺特征具有鲜明的地方特色。

古城营九龙庙鸟瞰

古城营九龙庙正殿正立面

古城营九龙庙戏台（兼作山门）正立面

狐突庙

位置 太原市清徐县马峪乡西马峪村北

时代 宋代至清代

类型 古建筑

2006年，被国务院公布为第六批全国重点文物保护单位。

据清顺治《清源县志》及庙内石碑记载，狐突庙始建于宋宣和五年（1123），元至元二十六年（1289）重修。

庙坐北向南，二进院落布局，南北长75米，东西宽32米，占地面积2400平方米。中轴线存戏台遗址、献殿、正殿，两侧有鼓楼、望楼、厢房、碑廊、耳殿。寝宫为金代遗构，献殿为明代遗构，余皆为清代遗构。

正殿由前后两部分组合而成，前为朝堂，后为寝宫，屋顶以勾连搭形式相连接。前堂于明嘉靖时扩建而成，面阔三间，进深五椽，单檐卷棚悬山顶，三踩单昂斗栱，青灰布瓦屋面，前单步梁后五架梁通檐用三柱，前檐明间悬“三晋名臣”横匾。寝宫面阔三间，进深四椽，单檐九脊顶，灰陶筒板瓦屋面。梁架为四椽栿通檐用二柱，檐下铺作斗口跳。两山设平直式劄牵，角梁斜置。前檐各间设六抹头隔扇装修。殿内正中有狐突夫妇金妆像，两侧各有侍女塑像3尊。

殿前设献殿，面阔七间，进深六椽，单檐硬山顶，灰陶筒瓦覆盖，琉璃剪边，单昂三踩斗栱，明间平身科出45°斜昂。殿之明间辟板门，余间皆装直棂窗。殿内山墙绘壁画60余平方米，内容为利应侯布雨、回宫图。献殿东西山墙存壁画50平方米。

狐突庙保存有金、明、清不同时期的建筑类型，展现了文

狐突庙航拍图

物经历代修葺的发展变化，为研究区域古建筑文化提供了稀有的实物资料。同时，狐突庙是中国民间祭祀及当地纪念历史人物狐突的重要证物，具有重要的历史价值。

狐突庙正殿

狐突庙献殿

清源文庙

位置：太原市清徐县东湖街道办事处迎宪村

时代：金代至清代

类型：古建筑

2006年，被国务院公布为第六批全国重点文物保护单位。

据清光绪《清源乡志》记载，清源文庙始建于金泰和三年（1203），元延祐年间重修，明洪武年间、万历年间屡修，清顺治十七年（1660）增、扩建。

庙坐北向南，三进院落布局，南北长111米，东西宽36米，占地面积3996平方米。中轴线上由南至北依次建有棂星门基址、状元桥、泮池、戟门、大成殿、明伦堂基址，两侧有廊庑、厢房、配殿。大成殿为金代遗构，余皆为清代建筑。

大成殿前设宽大月台，月台上置有雕刻精细的石桌、石凳及铸造的香炉。大成殿面阔三间，进深三间，单檐九脊顶，灰陶筒板瓦屋面，孔雀蓝琉璃瓦方心、剪边。檐下施四铺作单杪，计心造，各间施补间铺作两朵。前檐装修已毁，角柱生起明显，栱头卷杀多为三瓣。

戟门面阔三间，进深四椽，单檐歇山顶，五檩无廊式构架，檐下单昂三踩斗栱。

清源文庙大成殿建筑造型古朴庄重、四角飞翘，斗栱粗壮朴实、疏密得当，构件制作古朴大方，具有山西中部金代建筑的典型特征，是保存完整的珍稀早期文庙建筑遗构。

清源文庙航拍图

清源文庙大成殿

清源文庙棂星门

清徐尧庙

2013年，被国务院公布为第七批全国重点文物保护单位。

清徐尧庙为纪念尧帝所建。寺始建于金天会三年（1125），元至正、明正统年间重修，明、清屡有增补、修葺。

庙坐北朝南，东西长70米，南北宽52米，占地面积3640平方米。尧庙现存两个轴线，东轴线仅存帝尧殿，西轴线由南至北有倒座戏台、戏台西耳房、娘娘殿（圣母庙）组群。西轴线东侧为四星楼，西侧为狐仙楼组群。其中帝尧殿为明代建筑，余皆为清代建筑。

帝尧殿建于砖砌方形台基之上，面阔五间，七檩外加周围廊，重檐歇山顶，黄、绿琉璃剪边屋面，上檐施三十六攒双翘五踩斗栱，下檐施四十四攒五踩单翘单昂斗栱。柱下设覆盆柱础。梁架下层设庞大藻井，全部用斗栱挑出。藻井分三层，底层、中层为正方形，上层为八角形斗栱层层叠置，中心为井底盖板。

四星楼又称“九莲洞”“观音堂”。二层建筑，一层四孔纵窑，前出单坡五开间外廊。二层面阔三间，进深两间，前出硬山顶外廊。娘娘殿，又名“圣母殿”，面阔三间，进深三间六椽，单檐硬山顶。狐仙楼面阔三间，进深两间四椽，单檐歇山顶。戏台位于台基之上，面阔三间，六檩卷棚硬山顶。单昂三踩斗栱，柱头上置通面阔大额枋，柱下设石鼓柱础，明间雕龙形雀替。

位置
太原市清徐县孟封镇尧城村

时代
明代至清代

类型
古建筑

清徐尧庙帝尧殿

清徐尧庙内景

清徐尧庙为尧文化研究提供了实物资料。帝尧殿建筑形制独具特色，殿内藻井精巧，是研究山西明代建筑营造技艺发展的重要遗存。

文殊塔

位置 太原市清徐县马峪乡龙林山

时代 唐代

类型 古建筑

2016年，被山西省人民政府公布为第五批省级文物保护单位。

文殊塔建于唐贞元十三年（797）。塔坐北朝南，石质亭阁式，占地面积101平方米，高7米，分三层，一层为基座，东西长10.4米，南北宽9.6米，之上建有单层方形塔室，南向有门，塔檐下向外叠涩均雕有莲瓣，檐上置仰莲宝珠塔刹。

文殊塔具有典型的时代和区域特征，具有较高的艺术和历史价值。

文殊塔航拍图

文殊塔正立面

严香寺

位置 太原市清徐县马峪乡都沟村

时代 宋代至明代

类型 古建筑

1986年，被山西省人民政府公布为第二批省级文物保护单位。

严香寺又名“都沟石窟”。据清光绪《清源乡志》记载，严香寺于宋元祐三年（1088）初凿，宋绍圣年间在洞外建慈云禅寺，清末更名“严香寺”，此后屡有增修，建起玉泉阁、罗汉堂、龙王庙、观音阁等建筑。现寺院建筑已毁，仅存5个洞窟，地面建筑为新建。寺内存有明碑1通。

石窟坐北朝南，分东、西二窟，开凿在长10米、宽5米的崖面上。西窟仅凿大样，未完成。东窟称“千佛洞”，面阔5米，进深3米，高3米，平面呈方形，三壁三龛式。窟门两侧雕抹楞方柱，有门梁及尖拱龛楣，中心顶部雕藻井。三壁均雕一佛二菩萨，着通肩袈裟，佛结跏趺坐，作说法印；菩萨头戴花冠，项佩璎珞，造像面目清秀，体形俊俏，宋风浓郁。壁面浮雕小佛像1200余尊，以缠枝纹相连。寺基大殿后崖面上另有三窟，南北方向一字排开，中窟窟门右上方有“元祐三年十月十一日开洞，元祐四年七月□六日毕功”题记。门楣上方残存摩崖造像一组。

严香寺石窟中的千佛洞窟面宽大，钩纽式袈裟雕刻技术娴熟，特征鲜明，具有相当高的艺术价值。

严香寺千佛洞

严香寺东窟主像

清徐香岩寺

位置 太原市清徐县马峪乡东马峪村

时代 金代

类型 古建筑

2004年，被山西省人民政府公布为第四批省级文物保护单位。

据清光绪《清源乡志》记载，清徐香岩寺建于金明昌元年（1190），元、明、清屡有增建修葺。寺建于东西向岩石上，现存西侧石砌建筑三大殿，由东到西依次排列。寺内存明、清碑刻5通。

东殿面阔三间，进深三间，单檐硬山顶。殿顶由十层条石叠涩成八角藻井，层层彩绘千佛，佛台上有观音像及明代木雕罗汉16尊。中殿面阔三间，进深三间，四角攒尖顶。殿顶由十六层条石叠涩成藻井，后檐墙设石窑3孔，殿中塑阿弥陀佛像。西殿面阔三间，进深一间，单檐硬山顶。

该寺结构独特，造型庄重，是山西仅存的一处规模颇为宏大的金代石结构建筑，具有很高的科学价值和艺术价值。

清徐香岩寺航拍图

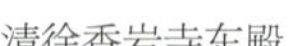

清徐香岩寺东殿

清徐香岩寺中殿

清徐香岩寺西殿

清泉寺

位置　太原市清徐县清源镇平泉村
时代　明代
类型　古建筑

2004 年，被山西省人民政府公布为第四批省级文物保护单位。

清泉寺又称“小峪寺”，据清光绪《清源乡志》载，始建于元至正二十四年（1364），明、清屡有修葺。现存五福楼和九莲洞为明代建筑，其余均为近代新建。

寺坐北朝南，依山而建，一进院落布局，中轴线建有天王殿、大雄宝殿，轴线两侧为钟鼓楼、地藏殿、菩萨殿、五福洞和九莲洞。寺内存有石碑 4 通，大殿台明下西侧有古槐 1 棵。

五福洞面阔五间，九莲洞面阔九间，均为平顶砖石结构，十字形连续拱券式建筑，每洞都有隔扇和门窗，既可单洞独居，亦可洞洞相通。

清泉寺是研究我国明代寺庙选址及营造环境的珍贵资料，是研究明清拱券建筑的重要实物遗存。

清泉寺鸟瞰

清泉寺九莲洞

徐沟城隍庙、文庙

位置 太原市清徐县徐沟镇西北坊村

时代 明代至清代

类型 古建筑

2016年，被山西省人民政府公布为第五批省级文物保护单位。

据清光绪《徐沟县志》记载，徐沟城隍庙、文庙均始建于金大定年间。城隍庙明初被水淹没，明景泰年间重建，清康熙十二年（1673），除戏台外，其余建筑均失火被毁，后再建。文庙为明洪武三年（1370）重修，清康熙十一年（1672）重建。

城隍庙坐北朝南，三进院落布局，占地约3500平方米，中轴线依次建有戏台（下为山门）、大殿和寝宫，两侧为钟鼓楼、配殿等。现存戏台建于明成化年间，又称“栖霞楼”，下为山门三间，中辟通道，上部为戏台，面阔三间，进深三间，重檐歇山顶，前台勾连搭卷棚顶一间。钟鼓楼两层，单檐十字歇山顶。大殿面阔五间，单檐悬山顶，前檐出三间悬山顶抱厦。寝宫面阔三间，单檐悬山顶。

文庙坐北朝南，二进院落布局，占地约4600平方米，中轴线依次建有影壁、棂星门、戟门和大成殿，两侧为厢房、廊庑等。影壁中嵌琉璃云龙，顶部为绿琉璃瓦覆盖。棂星门面阔三间，五檩无廊，单檐悬山顶，黄琉璃瓦屋面。大成殿建于明代，台明高0.38米，殿前设月台，面阔五间，七檩无廊，单檐悬山顶，灰陶筒板瓦屋面，琉璃脊饰、琉璃方心及剪边，前后檐下施双昂五踩斗栱。

徐沟城隍庙内景

徐沟文庙内景

徐沟城隍庙、文庙格局较为完整，栖霞楼、大成殿等建筑独具特色，是研究晋中区域明清官式建筑营造技艺水平和地方社会习俗的重要实物遗存。

大常寿宁寺

位置 太原市清徐县集义乡大常村

时代 明代至清代

类型 古建筑

2021年，被山西省人民政府公布为第六批省级文物保护单位。

大常寿宁寺又称“太微观”，创建年代不详。据寺内碑刻记载，明成化年间、清嘉庆二年（1797）、清道光六年（1826）寺内建筑曾进行过修缮。

寺院坐北朝南，二进院落布局，占地面积2521平方米。中轴线由南向北依次为山门、大悲殿、大雄宝殿，两侧为钟鼓楼、东西碑廊、东西配殿、东西耳殿等。现存大雄宝殿、大悲殿为明代遗构，其余为清代遗构。寺院保存有碑刻4通、古树6棵。

山门面阔三间，六檩前廊，单檐悬山顶，灰陶筒板瓦屋面，正脊及前檐勾头滴水用绿琉璃，前檐下施双昂五踩斗栱。后檐明间出抱厦，卷棚歇山顶，灰陶筒板瓦屋面，檐下施双昂五踩斗栱。

大悲殿面阔五间，七檩无廊，单檐悬山顶，灰陶筒板瓦屋面，前檐下施双昂五踩斗栱，后檐下施单昂三踩斗栱。后檐明间出单坡抱厦。

大雄宝殿面阔五间，七檩无廊，单檐双悬山顶，灰陶筒板瓦屋面，前檐下施双昂五踩斗栱。

大常寿宁寺保留有太原地区极少的有明确纪年的明代木结构建筑遗存，且留存清代彩绘，是太原地区重要的明清寺院及明清古建筑群。

大常寿宁寺大雄宝殿

大常寿宁寺大悲殿

宝梵寺

位置　太原市清徐县东于镇东于村

时代　清代

类型　古建筑

2016年，被山西省人民政府公布为第五批省级文物保护单位。

据寺内碑刻记载，宝梵寺始建于宋宣和元年（1119），金、元时期屡有补葺，明成化十一年（1475）、嘉靖四十五年（1566）、万历年间三次重修，清光绪十八年（1892）重建。

寺院坐北朝南，二进院落布局，院落东西长82米，南北宽43米，占地面积3526平方米。中轴线上从南到北依次建有戏台、山门、韦陀殿（过殿）和正殿，两侧为钟鼓楼、东西配殿及东西耳殿。现存建筑均为清代遗构。寺内存有宋至清碑刻18通。

山门面阔三间，五檩无廊，单檐硬山顶，灰陶筒板瓦屋面，前檐下施单昂三踩斗栱。

正殿面阔三间，六檩前廊，单檐硬山顶，灰陶筒板瓦屋面，前廊檐下施双昂五踩斗栱，廊柱间雀替雕刻精美。

宝梵寺为研究本区域清代寺庙建筑提供了实物例证，山门、戏台、正殿等的木雕雀替和钟鼓楼、旁门、影壁的砖雕精细，具有较高的艺术价值。

宝梵寺正殿

不二寺

位置　太原市阳曲县黄寨镇首邑西路74号

时代　金代

类型　古建筑

2006年，被国务院公布为第六批全国重点文物保护单位。

据脊檩及碑文记载，不二寺建于北汉乾祐九年（956），宋咸平六年（1003）重修，金明昌六年（1195）再修，元、明、清各代均有修葺。不二寺原位于黄寨镇小直峪村，1987年迁建于现址。

寺坐北朝南，建筑面积147.6平方米。寺内现存元至元三十年（1293）敕赐不二禅院碑1通。院内存塔2座，一为六角六面三层十一节石雕塔，高3.8米；另一为八角五级砖塔，高6米。

大雄宝殿为金代遗构，面阔、进深各三间，平面近正方形，单檐悬山顶，出檐有廊，殿前檐置五铺作斗栱。殿内释迦牟尼、弟子、菩萨等明代泥塑9尊，保存完好。其下佛台砖雕精美。两侧山墙存壁画80平方米。

不二寺大雄宝殿是典型的金代建筑，为研究金代建筑的体例、形制提供了重要的实物资料。

不二寺大雄宝殿

不二寺大雄宝殿彩塑

不二寺大雄宝殿东壁壁画

不二寺大雄宝殿西壁壁画

帖木儿塔

位置 太原市阳曲县杨兴乡史家庄村东

时代 元代

类型 古建筑

2013年，被国务院公布为第七批全国重点文物保护单位。

帖木儿塔由3座塔组成，中为石塔，东、西为砖塔，三塔平面布局呈三角形，分布面积85平方米，均为元代遗构。

中塔为史公仲显墓塔，是元大德九年（1305）也先帖木儿为纪念其父史仲显所建，为五层八角墓志铭石塔，高3米。塔基由八边形石座与圆形仰莲台组成，塔身平面呈八边形，每面镌刻先祖姓名及《佛顶尊胜陀罗尼经》，八角攒尖顶，上承仰莲座及宝瓶式塔刹。

东塔为武德将军云南腾冲路、达鲁花赤也先帖木儿墓塔，建于元至正十年（1350）。西塔为也先帖木儿之弟拜延帖木儿墓塔，建于元至正十三年（1353）。东、西塔形制相同，均为三层楼阁式砖塔，平面呈八边形，高约6.5米，塔身各层均叠涩出檐，檐下设砖雕仿木斗栱，为四铺作单杪，二、三层施平座，二层正面嵌建塔碑碣，载墓主人姓名及建塔题记，八角攒尖顶，上施山花蕉叶及宝瓶塔刹。

帖木儿塔保存完好并有确切纪年，是研究元代历史人物和建筑史重要的实物资料。

帖木儿塔全景

帖木儿塔西塔建塔碑碣

前斧柯悬泉寺

位置 太原市阳曲县西凌井乡伙路坪村前斧柯村

时代 明代至清代

类型 古建筑

2013年，被国务院公布为第七批全国重点文物保护单位。

前斧柯悬泉寺原为晋王府家庙，据碑文记载，宋熙宁年间有“玄泉”额，明成化、弘治年间续建，清代多次重修，1991年至1998年又补修、新建。

寺内建筑依崖壁而建，占地面积241平方米。自西向东绵延150余米，依次为山门、钟鼓楼、伽蓝殿、大雄宝殿、地藏殿、三圣殿、观音堂、斋堂、七佛洞（天然石洞）、龙王殿等建筑。除大雄宝殿、地藏殿、观音堂及七佛洞为明清遗构外，其余均为新建。

大雄宝殿，明代遗构，坐北朝南，背靠石壁。面阔三间，五檩无廊，单檐歇山顶，檐下单翘三踩斗栱，梁架通饰彩画。明间置四扇六抹隔扇门，次间置隔扇槛窗。殿内三面设佛台，两山墙绘有罗汉、神将等像，约6平方米。

前斧柯悬泉寺因崖而建，布局别具特色，且较好地保存了明代以来的古建筑及明代塑像，具有较高历史和艺术价值。

前斧柯悬泉寺全景

前斧柯悬泉寺山门

阳曲大王庙大殿

位置：太原市阳曲县东黄水镇范庄村

时代：明代

类型：古建筑

2013年，被国务院公布为第七批全国重点文物保护单位。

据清道光《阳曲县志》记载，大王庙是藏山神晋国大夫赵武的行宫，建于明成化三年（1467），成化八年（1472）维修，清康熙二十六年（1687）重修。

庙坐北朝南，仅存大殿，为明代遗构，占地面积184平方米。院内存有明崇祯九年（1636）石幢1座、清康熙二十六年（1687）重修大王庙碑1通。

大殿石砌台基，面阔三间，单檐歇山顶，檐柱和角柱有侧脚，柱头有卷杀，柱头科单翘单昂五踩，外拽厢栱抹斜，平身科每间各一攒。殿内不设柱，四角设抹角梁形成井架结构，承托山面与屋顶结构。四角的上金檩和三架梁的交叉处以雕花垂莲柱连接。殿内后方通宽设有供台，山墙上绘有出行、回宫图，后檐墙绘有尚膳、尚服壁画，共计65平方米，均沥粉贴金。

阳曲大王庙大殿结构严谨，构筑巧妙，反映了明代建筑的特征。殿内壁画清晰，为明代优秀壁画案例。

阳曲大王庙大殿

阳曲大王庙大殿斗栱

阳曲大王庙大殿内部梁架结构

辛庄开化寺

位置　太原市阳曲县高村乡辛庄村

时代　明代至清代

类型　古建筑

2013年，被国务院公布为第七批全国重点文物保护单位。

辛庄开化寺也称“开花寺”，创建年代不详，据寺内碑文记载，开化寺于金皇统年间移建现址，明嘉靖年间重修。

寺坐北朝南，二进院落布局，占地面积约365平方米。中轴线有过殿、正殿，两侧有东西配殿。寺内保存明、清记事碑和功德碑10通。

正殿面阔三间，六檩前廊，单檐悬山筒瓦覆顶，檐下双昂五踩斗栱，各间平身科均为两攒，檐柱下设覆莲柱础。殿内正中设佛龛，上塑三世佛、胁侍菩萨、迦叶、阿难，佛台下供护法金刚等，共计11尊明代雕塑。

过殿面阔三间，进深四椽，单檐歇山顶，檐下施单昂三踩斗栱，横栱看面抹斜。

西配殿面阔四间，素瓦悬山顶，单昂三踩斗栱，前檐角柱为六角石柱。

辛庄开化寺体现了明显的时代地域特征。明代塑像神态各异，具有较高的历史和艺术价值。

辛庄开化寺山门

辛庄开化寺正殿

辛庄开化寺正殿彩塑

辛庄开化寺过殿

阳曲轩辕庙

位置 太原市阳曲县东黄水镇西殿村

时代 明代至清代

类型 古建筑

2019年，被国务院公布为第八批全国重点文物保护单位。

阳曲轩辕庙是为纪念中华始祖轩辕黄帝而建，创建年代不详。据碑文记载，轩辕庙曾于明嘉靖十六年（1537）重建。

庙坐北朝南，二进院落布局，中轴线上建有戏台（兼作山门）、过殿、正殿，两侧为耳殿、配殿。正殿为明代建筑，其余为清代建筑。庙内保存有明、清石碑7通，另有残碑、石幢、石塔等残件，过殿内有壁画10平方米。

正殿面阔三间，七檩前后廊，单檐悬山顶，灰陶筒板瓦屋面，黄、绿琉璃瓦剪边，檐下施重昂五踩斗栱，各间设补间铺作一朵，补间铺作出斜昂。阑额平板枋均粗壮厚实，柱头有明显卷杀，柱身侧脚，柱下覆盆式柱础。前檐明间设四扇六抹隔扇门，次间为直棂窗。殿内山墙绘12幅药王坐像，坐像高1.5米。

轩辕庙基本保留了明清时期的寺院布局与建筑风格，正殿梁架、斗栱、柱与柱础等时代特征明显，是本地区明代建筑的代表作。

阳曲轩辕庙正殿

阳曲轩辕庙戏台（兼作山门）

阳曲轩辕庙正殿内部梁架

南高庄城址

2016年，被山西省人民政府公布为第五批省级文物保护单位。

南高庄城址平面呈长方形，分布面积约11万平方米，四周为夯土城墙。城墙周长约2000米，厚5米，高约10米，东、西城墙分别建有5个城垛，南、北城墙各开一城门，另有北瓮城尚存。北城门和南城门均系石砌墙基，砖砌门洞，防御功能显著。北城门高6米，宽4米，进深13米。南城门高5.4米，宽3.8米，进深13.45米，西侧有“三和长屏”石匾，并有“万历二年岁在甲戌秋八月吉日”题记。

南高庄城址地理位置特殊，曾是石岭关至太原的必经之路和货物集散地，它见证了明清时期太原地区的商业繁荣和交通发展。南高庄城址的城墙、城门等建筑体现了明代的建筑风格和工艺水平，展示了明代城堡的防御体系，反映了当时的社会生活和文化风貌。

位置：太原市阳曲县大盂镇南高庄村

时代：明代

类型：古文化遗址

南高庄城址南城门石匾题字

南高庄城址南城门远景

石岭关城址

位置：太原市阳曲县大盂镇上原村石岭关自然村北

时代：明代

类型：古文化遗址

2021年，被山西省人民政府公布为第六批省级文物保护单位。

石岭关始建年代不详。据清道光《阳曲县志》记载：“明筑土城戍守，万历年间改筑石城。”石城由太原前卫镇抚千户朱龙、泽州柳树店巡检司巡检杨萌寅任委官，组织山西各州县885名匠夫建成。

城原来方圆1.25千米，有内、中、外三道门，每门相距约150米。内门洞顶筑有“观音阁”，外门洞顶建有“三义庙”（刘、关、张桃园三结义）。石城于1920年修建平遥至忻州段的公路时被拆毁，三义庙尚存部分遗迹。三门之中今仅存中门，名曰“耀德”，系万历二十四年（1596）所建。门洞长10.3米，宽3.9米，高7.4米，为石砌门台，砖券拱门，十分坚固。城墙底宽3—4米，顶宽1米，高5—6米，依山曲折筑砌，折北向又有残墙150余米。

石岭关横跨东西，路纵南北，历来是太原通往忻代云朔之要道，历史地位十分重要。据史籍记载，唐武德八年（625）突厥骑兵曾逾石岭寇并州；宋开宝二年（969）宋太祖征伐晋阳，辽国军队增援北汉，赵匡胤命何继筠将兵赴石岭关拒之；金天会三年（1125）冬，金军南侵北宋，西路统帅粘罕（宗翰）曾出兵克石岭取太原；元末，孛罗帖木儿、扩廓帖木儿曾战于此关。石岭关城址对研究相关历史和战争具有重要价值。

石岭关城址南城门远景

石岭关城址南城门近景

明泰大师塔

2016 年，被山西省人民政府公布为第五批省级文物保护单位。

据塔碣记载，明泰大师塔建于元至元三十一年（1294），原为宝岩院附属建筑，现仅存塔。

明泰大师塔为五层楼阁式砖塔，通高约 8 米，塔身呈平面八角形，底周长 6.4 米。塔身砖砌实体，每层叠涩向内收分，檐下施砖饰仿木斗栱。一层檐下斗栱为五铺作双杪，二层以上为四铺作单杪，二层以上施有平座，平座栏板上高浮雕万字形、菱形图案等。二层塔身正中嵌塔碣 1 方，三层正中设拱券门。

明泰大师塔为元代楼阁式实心砖塔，历史悠久、造型独特，砖饰仿木斗栱精致美观，具有较高的艺术价值。

位置：太原市阳曲县东黄水镇盘威村

时代：元代

类型：古建筑

明泰大师塔

娄烦古城遗址

位置 太原市娄烦县马家庄乡平安社区

时代 东周

类型 古文化遗址

2013年，被国务院公布为第七批全国重点文物保护单位。

娄烦古城遗址现存城墙呈“Π”形，东高西低，周长约3500米，总面积约24万平方米。城墙版筑而成，层次明显，夯层厚约0.12米。南、北、西三面城墙外发现有护城河遗迹。残存的南城墙被南川河冲刷成东、西两段，西段城墙残长53米，宽3—5米，高6米；东段城墙长约1000米，宽3—5米，高4—11米。从裸露部分可看出，城墙采用平夯和圆形杵夯，夯窝直径0.06米，夯面密集平整，夯层内发现有绳纹陶片和空心鬲足。现保留的穿杠孔共有三排，排列整齐。

城址中部有一条长约30米的冲沟，冲沟南、北的台地上均有文化遗址，文化内涵相同。遗存灰层较厚，文化层厚约0.6至0.7米。经钻探发现有夯土层、木炭、红烧土及多种绳纹陶片。靠近河渠的一侧地表遗存丰富，有建筑构件如绳纹筒瓦、板瓦、瓦当，还有甑、鬲等生活用具的残陶片，纹饰与钻探所得一致。城内出土器物有陶盆、陶罐、陶鼎、青铜剑、戈、箭镞、马骨和被射入箭头的人头盖骨等。

娄烦古城遗址是春秋战国时期娄烦国灭亡的历史见证，为研究春秋战国时期的历史和战争提供了重要实物材料。遗址中发现的建筑构件，对研究娄烦古城遗址所属年代的建筑构件装饰有重要意义。

娄烦古城遗址鸟瞰

娄烦古城遗址城墙夯窝和圆形柱洞

娄烦古城遗址远景

娄烦古城遗址城墙①

娄烦古城遗址城墙②

山城峁遗址

位置：太原市娄烦县娄烦镇第二社区

时代：新石器时代

类型：古文化遗址

2004 年，被山西省人民政府公布为第四批省级文物保护单位。

山城峁遗址位于村东北约 500 米的山梁上，地处汾河西岸台地之上。遗址东西长约 640 米，南北宽约 300 米，分布面积约 19.2 万平方米，以仰韶晚期、龙山晚期遗存为主。

遗址范围内遗存丰富，其中断崖上暴露的文化层厚 0.5 米。采集到的仰韶晚期遗物有高领罐、盆，还有泥质红陶敛口钵等器物。龙山晚期遗物以泥质灰陶篮纹陶器为主，包括折沿盆、折肩罐，常见饰附加堆纹的夹砂灰褐陶罐。另外还采集到了石斧、石刀等器物。

山城峁遗址地势险要，环河临沟，展现了仰韶晚期先民选址的倾向性，一改仰韶中期择居于河前缓坡上的习性，而倾向于高台上定居，从侧面反映出这一时期社会关系的变化。

山城峁遗址航拍图

山城峁遗址地表采集陶片

罗家曲观音寺

位置：太原市娄烦县杜交曲镇罗家曲村

时代：明代至清代

类型：古建筑

2021 年，被山西省人民政府公布为第六批省级文物保护单位。

罗家曲观音寺创建年代不详，坐北朝南，一进院落布局，南北总长 44 米，东西总宽 29 米，占地面积 1276 平方米。中轴线上建有正殿，两侧为东、西耳殿。

正殿为明代遗构，面阔三间，七檩前后廊，单檐悬山顶，灰陶筒板瓦屋面。平面近方形，东西总宽 11 米，南北总深 12 米，建筑面积 132 平方米。前檐下施四下昂九踩斗栱，昂嘴琴面式，明间柱头科不出斜昂，两山柱头科出 45° 斜昂，做成角科样式；明间平身科一攒，出斜昂并逐层递增，次间设平身科两攒，不出斜昂。殿内梁架木构件存有彩绘，山花、象眼及栱眼壁保留有壁画，明间西缝五架梁及前檐金檩底皮留存功德题记。

东、西耳殿对称位于正殿两侧，均为明代遗构。坐北朝南，东西总宽 6 米，南北总深 5 米，建筑面积 30 平方米。面阔三间，进深四椽，东耳殿为单檐硬山顶，西耳殿为单檐悬山顶。

罗家曲观音寺正殿斗栱形制极其特别，充分展现了明代匠师高超的营造技艺和独特的审美情趣。

罗家曲观音寺正殿正立面

古交遗址

位置　太原市古交市大川河、原平河和屯兰河与汾河的交汇地带

时代　旧石器时代

类型　古文化遗址

2013年，被国务院公布为第七批全国重点文物保护单位。

古交遗址调查始于1959年12月，后陆续做过多次调查，发现一批相关遗址均有大量石器制作的场地，实际形成了一个古交旧石器遗址群。

遗址由王家沟、后梁、古钢、长峪沟、凤凰岩等旧石器时代遗址组成，分布在高出汾河水面约50米的阶地上，海拔1042米左右。遗址最早可追溯到旧石器时代早期，最晚可到旧石器时代晚期。遗址群先后采集到石制品702件，原料有角页岩、砂岩、脉石英、石英岩等，种类有石核、石片、砍砸器、刮削器、尖状器和石锤等。

古交遗址是汾河流域除丁村遗址外的又一个大型旧石器时代遗址群，对研究大石片砍砸器——三棱大尖状器为特点的“匼河—丁村系”文化系统的形成、传播有着重要意义，其发现也填补了由旧石器时代晚期文化向新石器时代早期过渡的区域空白。

古交遗址远景

古交遗址石器制造场

古交千佛寺

位置 太原市古交市金牛东大街杨家坡

时代 清代

类型 古建筑

2013年，被国务院公布为第七批全国重点文物保护单位。

古交千佛寺因殿内有千余尊石刻佛像而得名。据寺碑和县志记载，该寺创自唐代，明弘治元年（1488）重建。明末寺庙大部毁于战乱兵火。清顺治八年（1651）修复天王殿，康熙二十一年（1682）修复正殿。清代晚期又有增修扩建。1992年因城市建设搬迁至现址。

寺庙坐南朝北，一进院落布局，占地面积约2500平方米。中轴线上由北至南有天王殿和大雄宝殿，两侧为钟楼、鼓楼、耳殿、配殿。寺内存明、清及民国碑7通。

大雄宝殿面阔三间，七檩无廊式，单檐悬山顶，筒板瓦屋面，外檐柱头施三昂七踩斗栱，横栱抹斜；明间平身科斗栱出斜昂；次间平身科一攒，形同柱头科；角柱斗栱出斜昂。殿内后墙嵌有石雕佛像图79幅，雕刻小佛像1016尊。

古交千佛寺整体布局保存较为完整，正殿后壁上的千尊石雕小佛是太原地区保存最完整并具有地方特色的石雕作品，具有较高的历史价值和艺术价值。

古交千佛寺正门全景图

古交千佛寺大雄宝殿

古交千佛寺石像

大同市

山西

文物

要览

❶ 新荣区

❷ 平城区

❸ 云冈区

❹ 云州区

❺ 阳高县

❻ 天镇县

❼ 广灵县

❽ 灵丘县

❾ 浑源县

❿ 左云县

方山永固陵

位置：大同市新荣区花园屯镇镇川堡乡西寺村

时代：北魏

类型：古墓葬

2001年，被国务院公布为第五批全国重点文物保护单位。

方山永固陵是北魏文成帝拓跋濬之妻文明皇后冯氏的陵墓，自太和五年（481）开始营建，历时八年建成。太和十四年（490）冯氏死，入葬。

陵墓建造在方山南部山顶的玄武岩上，地表为高大的封土，上部呈半圆形，下部为方形基底，东西长124米，南北宽117米，通高22.87米。墓葬位于封土堆的中心，坐北朝南，为砖砌多室墓，由墓道、前室、甬道和后室四部分组成，南北总长17.6米。

墓室东西长6.83米，南北宽6.4米，高7.3米。前室平面呈梯形，拱形顶，以甬道与后室相连。甬道前后各有一道大型石券门，门无轴，是嵌入门楣内的，不能开合。门框饰下为龛柱的莲瓣形券面浮雕，两侧龛柱各浮雕一个手捧莲蕾、面露微笑的赤足童子。童子下方又各雕一只口衔宝珠的七尾孔雀。后室平面近方形，高大宽敞，四壁微向外凸，向上内收成四角攒尖顶。顶中心嵌有雕刻莲花图案的白砂石。

整个墓室用砖多达20余万块，砖色为青灰，根据用途可分为几种不同规格，其中绝大多数为条砖，长41厘米，宽21厘米，厚7.7厘米，重12.5千克。铺地大方砖为50.6厘米见方，厚7.2厘米，重34.5千克，砖坯含砂砾很少，棱角整齐，规格一致，背面有细绳纹，叩之发金石声。

方山永固陵远景

方山永固陵与万年堂

方山永固陵西南角新发现建筑遗迹

北魏定都平城以后，皇室权贵均葬金陵。冯氏自选寿陵而不归祖茔，是对鲜卑传统礼制的大胆改革，这也从侧面表现了她矢志汉化的坚定决心。永固陵规模十分宏大，其附近的附属建筑还有永固堂、斋堂、石阙、思远佛寺、方山石窟、灵泉殿、灵泉池及御路等。这种在陵园布局中将墓地和佛寺结合在一起的独特做法，对北朝晚期统治集团陵墓的形制影响很大。永固陵的建筑结构和精美的石雕艺术品，反映出北魏“平城期”较高的工艺文化水平，其准确的建造时间也为云冈石窟的分期断代提供了重要依据。

万泉庄遗址

2016 年，被山西省人民政府公布为第五批省级文物保护单位。

万泉庄遗址南北长 660 米，东西宽 440 米，分布面积达 29 万平方米，包含新石器时代、东周、汉代文化遗存。

遗址分布范围较大，地表暴露的遗物非常丰富，其中陶片遍布。在遗址东边缘崖头发现新石器时代墓葬 1 座、新石器时代文化层多处。地面采集到的新石器时代遗物有仰韶中期泥质红陶，龙山时期夹砂灰陶、泥质灰陶，纹饰有篮纹、绳纹、交错绳纹等，可辨器形以罐、豆、甑为主。此外，还发现有汉代泥质灰陶，纹饰有绳纹等，可辨器形有折沿盆、罐等。

万泉庄遗址在晋北地区发现的为数不多的新石器时代遗址中具有一定的代表性，对厘清晋北地区新石器时代文化面貌具有重要意义。

位置　大同市新荣区花园屯镇花园屯乡万泉庄村

时代　新石器时代、东周、汉代

类型　古文化遗址

万泉庄遗址远景

万泉庄遗址采集标本

宣宁故城遗址

位置 大同市新荣区堡子湾乡拒墙堡村

时代 辽代、金代

类型 古文化遗址

2016年，被山西省人民政府公布为第五批省级文物保护单位。

辽始建宣德县，金大定八年（1168）更名“宣宁县”。宣宁故城遗址原名为“宣宁县故城”。城址平面呈长方形，南北长约2.4千米，东西宽约1千米，面积2.4平方千米。

遗址现存北墙，残存城墙高大，系夯筑而成。文化层堆积厚约2米。地表遗物丰富，遍布陶、瓷、砖、瓦的残片，采集到的有灰陶残盏托、黑釉鸡腿瓶底、白釉碗残底、素面剔花罐残片、残坩埚、黑釉砂圈叠烧残碗、白釉支钉烧残碗等。

宣宁故城遗址为当时的边贸重镇，是反映内地商人在边境贸易的实物遗存，对探讨辽金时期的城镇布局有重要价值。

宣宁故城遗址鸟瞰

赵彦庄龙王庙

位置：大同市新荣区花园屯镇花园屯乡赵彦庄村南

时代：清代

类型：古建筑

2016年，被山西省人民政府公布为第五批省级文物保护单位。

赵彦庄龙王庙始建年代不详，现存的戏台、正殿均为清代遗构。庙坐北朝南，庙院南北长34.2米，东西宽16.4米，占地面积约560平方米。

正殿面阔三间，进深五椽，六檩前出廊式，单檐硬山顶，筒瓦屋面。其前、后檐柱与金柱由抱头梁连接，形成单步梁。殿内两山墙及后檐墙均存清代壁画，面积约32平方米，色彩柔和，线条流畅。倒座戏台坐南朝北，面阔三间，单檐硬山顶。戏台前檐出卷棚顶抱厦，为一殿一卷勾连搭式建筑。戏台台基前沿用玄武岩围出低矮栏杆。

赵彦庄龙王庙为全国各地龙王庙的整体研究提供了实例。正殿内保存的壁画完整度较高，具有很高的艺术和历史研究价值。

赵彦庄龙王庙鸟瞰

赵彦庄龙王庙正殿正立面

北宋庄龙母寺

大同市新荣区古店镇北宋庄村

清代

古建筑

2016 年，被山西省人民政府公布为第五批省级文物保护单位。

北宋庄龙母寺创建年代不详，2007 年对正殿和玄天殿进行维修，除正殿和玄天殿为清代遗构外，其余建筑均为新建。

寺坐北朝南，一进院落布局，南北长 42.1 米，东西宽 37.1 米，占地面积 1562 平方米。寺院建在高约 3.5 米的台基上，中轴线上建有戏台、正殿。正殿两侧建有垛殿，戏台东侧建有玄天殿、西侧建有僧房，院落东侧设山门 2 座。

正殿面阔三间，进深五椽，六檩前廊式构架，隔扇门窗，单檐硬山顶。明间为龙母殿，后檐及两山墙绘龙母及四大龙王壁画。东次间为关帝殿，后檐墙绘关公像壁画，两山墙绘单刀赴会、华容道义释曹操、活捉王忠等三国演义故事壁画。西次间为三观殿，后檐墙绘尧、舜、禹三帝壁画，两山墙绘出行图、回宫图壁画。壁画面积共 105 平方米。

玄天殿面阔一间，硬山顶，殿内存清代壁画，面积约 13.5 平方米。院内现存清嘉庆十一年（1806）石碑 1 通。

北宋庄龙母寺建筑梁架保存较好，清代壁画价值较高，是研究清代建筑技术和艺术的重要实物资料。

北宋庄龙母寺外景

北宋庄龙母寺正殿

破鲁堡宁静寺

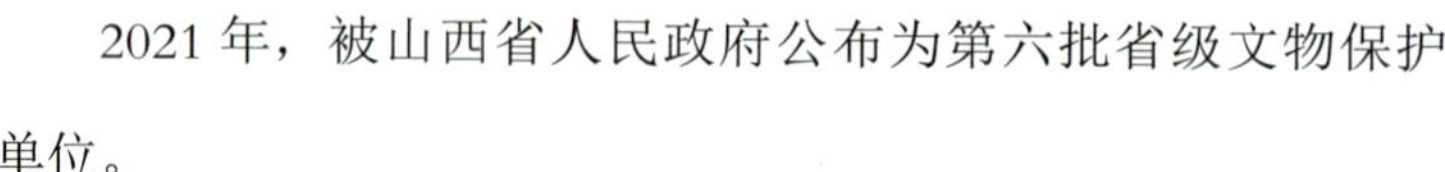

位置：大同市新荣区破鲁堡乡破鲁堡村

时代：清代

类型：古建筑

2021年，被山西省人民政府公布为第六批省级文物保护单位。

据寺内现存残碑记载，破鲁堡宁静寺创建于明嘉靖三十一年（1552），嘉靖四十一年（1562）二月修缮完工。2000年8月，对寺内建筑进行补葺修缮，后屡有局部补修。

寺坐西北朝东南，二进院落布局，占地面积1114平方米。中轴线上建有山门、天王殿、大雄宝殿，两侧为耳殿、配殿（观音殿、地藏殿）。现存建筑为清代遗构。

大雄宝殿面阔三间，进深五椽，六檩前出廊式，单檐硬山顶。殿内共有塑像30尊，其中“三尊佛像”为明代作品，比例适度，体态自然，端坐于高台须弥座莲花座上。殿内现存明代壁画33平方米，分布于殿内东、西两壁及山尖位置，内容有十八罗汉、二十四星宿、水府三曹圣众、雷部五帅圣众等。

破鲁堡宁静寺是新荣区现存最大的明清时期寺院。主要文物建筑在形制特征、材料和工艺特点等方面保留了历史原状，具有鲜明的地方特色。

破鲁堡宁静寺大雄宝殿

平城遗址

位置 大同市平城区北部

时代 北魏

类型 古文化遗址

1988年，被国务院公布为第三批全国重点文物保护单位。

北魏天兴元年（398）至太和十八年（494），鲜卑拓跋氏在平城（平城遗址）建都。平城作为北魏都城97年，是当时中国北方的政治、军事、经济和文化中心。

北魏平城在战国、汉古城基址上扩建而成，包括宫城、内城、外郭城。宫城主要分布在今平城区北部操场城，文献记载其内外建有天文殿、天华殿、紫极殿、东宫、西宫、万寿宫等宫殿楼台60多座，已发现的重要遗址有操场城一号和三号建筑遗址、太官粮储遗址。坊区位于宫城南部，中央有南北向御道“都街”，内外分布着衙署、宅第和寺院等。操场城南的北魏塔基遗址，出土了大量精美的泥塑佛造像。

郭城外，城西有郊天坛；城南有明堂、辟雍和圆丘；东北部为东苑；北至北苑墙之间，原为鹿苑，后改为东、北、西三苑。已发现的重要遗址有北魏明堂辟雍遗址、北苑墙遗址。北苑墙外，分布有北宫和西山的鹿野苑。郭城外墓葬区分布较有规律，城北远郊方山是皇陵区，包括方山永固陵 、万年堂、永固堂、思远浮图、方山石窟等。城南明堂以南，为密集分布的墓葬区，向南过十里河连片分布不绝。城东及城东南方向发现了许多重要官吏的墓葬。

平城遗址内大量有纪年的墓葬和出土的具有不同地区、不同民族特色的精美文物，为研究北魏时期中国北方民族交流和东西方文化交流提供了丰富的实物资料，也为探讨北魏人文、礼制等奠定了基础。

平城遗址操场城北魏一号遗址

平城遗址北魏粮窖遗址

平城遗址北魏明堂遗址南门

平城遗址墓葬出土的伎乐俑

平城遗址出土的中亚高脚铜酒杯

平城遗址出土的石砚台

沙岭墓群

位置：大同市平城区水泊寺街道沙岭村

时代：北魏

类型：古墓葬

2019年，被国务院公布为第八批全国重点文物保护单位。

沙岭北墓群于2005年发掘，共发现北魏时期的墓葬12座，其中2座砖室墓、10座土洞墓，皆为长方形斜坡墓道。墓葬排列方式有两种，其中7座坐北朝南、5座坐东朝西。出土遗物共计200余件。编号为M7的墓葬是墓群中唯一保存有纪年文字漆画和壁画的一座砖室墓。

M7位于墓群的北部，坐东朝西，为长斜坡墓道单室砖墓，由墓道、甬道、墓室三部分组成。墓室砌筑于东西长4.2米、南北宽3.4米的长方形圹内。墓室平面呈弧边长方形，东西长3.42米。南北宽2.86米。墓室的残留高度为2.24米。墓顶上部早已被破坏，根据形状判断应为四角攒尖顶。墓室壁画上、下分栏，上栏为动物形象，下栏为生活场景，现存面积约24平方米。出土器物27件，其中铜牌饰1件、铜帐钩1件、银圆饰6件、铜泡钉1件、铁器1件、釉陶壶5件、素陶壶5件、素陶罐6件、漆耳杯1件。

沙岭墓群壁画墓中出土完整和较大面积的壁画在大同尚属首例，为研究北朝美术考古提供了重要的实物资料。M7既有彩绘图像和纪年文字的漆画，又有保存基本完整、内容丰富的壁画，这在已发现的北魏平城时期的墓葬中是唯一的，为研究我国公元5世纪前半叶北魏统治阶级的车马出行、丧葬习俗、服饰装备、文化艺术等提供了珍贵的形象资料。

沙岭墓群 M7 墓室顶部及封门罩

沙岭墓群 M7 墓室西壁壁画（伏羲、女娲）

沙岭墓群 M7 墓室南壁壁画

善化寺

位置 大同市平城区古城南寺街9号

时代 辽代、金代

类型 古建筑

1961年，被国务院公布为第一批全国重点文物保护单位。

善化寺俗称“南寺”。据庙碑记载，善化寺始建于唐开元年间，称“开元寺”。五代后晋更名“大普恩寺”。辽末保大二年（1122）大部分毁于兵火，金天会六年（1128）至皇统三年（1143）圆满大师主持重修。明正统十年（1445）明英宗赐名“善化寺”，一直沿用至今。

寺院坐北朝南，建筑主次分明，左右对称，中轴线上由南向北依次布列天王殿（山门）、三圣殿和大雄宝殿，东侧有东配殿、东垛殿，西侧有西配殿、普贤阁及西垛殿。2008年复建文殊阁和左右斜廊。除天王殿（山门）、三圣殿、大雄宝殿和普贤阁为辽金时期建筑外，其余两侧配殿和钟、鼓楼为明清时期建筑。寺内保存金代塑像34尊，清代壁画190平方米，明代塑像9尊，金碑刻2通，明、清重修碑3通。

大雄宝殿是善化寺之最大殿宇，位于寺庙最北端，前有月台，面阔七间，进深五间。单檐庑殿顶，举折平缓。檐下斗栱五铺作出双杪。殿内梁架为彻上明造。殿内当心间置平棊斗八藻井，围列斗栱两层，下层为七铺作，上层为八铺作，雕制精湛。殿内佛坛正中有泥塑金身如来5尊，端坐于莲台，人称“五方佛”，是金代原作，法相庄严，姿态清雅，衣纹流畅，雕技高超。东西两侧砖台之上置有二十四诸天塑像，神态各异，性格鲜明。殿内存有清代壁画，内容均为佛教故事。

善化寺鸟瞰

三圣殿位于寺内中部，建于高约 1.5 米的砖砌台基之上。殿面阔五间，进深四间，单檐庑殿顶。檐下斗栱六铺作，单杪双下昂，重栱计心造。殿内采用减柱法。佛坛上的“华严三圣”为金代原塑，后人予以重妆。殿内两侧有碑刻 4 通，其中金大定十六年（1176）《大金西京大普恩寺重修大殿记》是南宋使金通问副使朱弁所撰，文字优美，书法苍劲古朴。

善化寺是保存最为完整的辽金时期寺院，为研究辽金时期的建筑提供了宝贵的实物资料。

善化寺大雄宝殿五方佛

善化寺西花园

华严寺

位置 大同市平城区下寺坡街459号

时代 辽代、金代、清代

类型 古建筑

1961年，被国务院公布为第一批全国重点文物保护单位。

华严寺始建于辽，是一处皇家佛教寺院，兼具祖庙祭祀功能。《辽史·地理志》载：“清宁八年（1062）建华严寺，奉安诸帝石像、铜像。”辽末兵火波及，寺院局部建筑被毁，金天眷三年（1140）重修。元至大年间补葺，清代屡有修葺。明成化、万历年间寺院一分为二，自成格局。

依契丹族崇日习俗，寺址坐西朝东。寺院以东西轴线布局，上寺以大雄宝殿为中心，分为两院，有山门、过殿、观音阁、地藏阁及两厢廊庑。下寺以薄伽教藏殿为中心。除两座主殿为辽金时期建筑外，余皆为明、清两代重建。

华严寺大雄宝殿是上寺主殿，始建于辽，据梁架题记知，金天眷三年至皇统四年（1140—1144）重修，现存建筑仍保持了辽代建筑风格。建筑面积达1444平方米，是国内现存辽金时期规模最大的佛殿。台基高4米，月台敞朗。殿身面阔九间，进深五间，单檐庑殿顶，正脊两端鸱吻高4.5米，南端鸱吻为明代所制，北端鸱吻为金代原物。砂岩方形柱础，素平无饰。外檐铺作为五铺作双杪计心造重栱，当心间、补间分别出60°、45°斜栱，栱枋用材约合《营造法式》中的“一等材”，殿内运用移柱和减柱法，共减少金柱12根，扩大了礼佛空间。中央七间六缝梁架为十架椽屋前后三椽栿用四柱，而两端梢间与尽间之间的两榀梁架则形成了十架椽屋前后乳栿用六柱的结构形

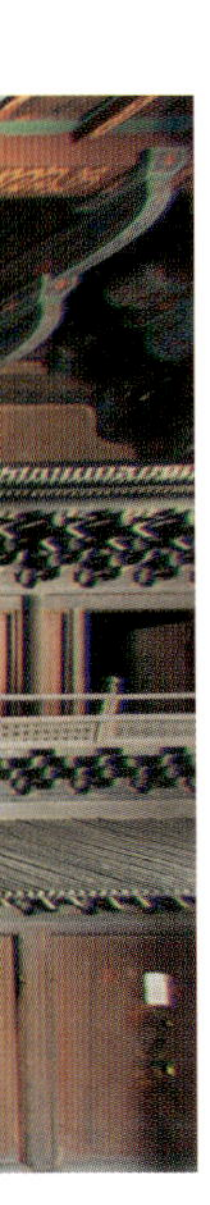

装板门，
贵文物。
辽重熙七
深远。殿
作加施抹
七年岁次
共有佛像
间、天宫
一组缩小

地位。寺
我国宗教
辽代建筑

华严寺薄伽教藏殿合掌露齿菩萨

华严寺五方佛

华严寺全景

大同关帝庙大殿

2013 年，被国务院公布为第七批全国重点文物保护单位。

大同关帝庙始建年代不详，据《大同府志》记载，明代屡有修建，清康熙、乾隆年间有增修。现仅存大殿为元代建筑，大殿前抱厦为清代增建。2008 年复建了山门、过殿、春秋楼、结义阁、东西配殿等，占地面积 3572 平方米。

大殿坐北朝南，平面呈方形，面阔三间，进深三间，单檐歇山顶，琉璃筒板瓦屋面。内柱为盘龙彩绘，各间均设木质重檐神龛。清代所增抱厦，面阔三间，进深两间，单檐歇山卷棚顶。东壁有壁画六幅，内容分别为单刀赴会、华容道义释曹操、卧牛山、灞桥赠别、府库封金、桃园结义，均系清代遗存。西壁为民国时期绘制的“二龙戏珠”。

大同关帝庙大殿的结构、装饰手法等具有鲜明的地方特色，为研究元代建筑及关帝文化提供了实物例证。

位置 大同市平城区古城都司街与朝阳门东街交叉口

时代 元代

类型 古建筑

大同关帝庙大殿正立面

大同关帝庙大殿内塑像、壁画全景

大同九龙壁

位置　大同市平城区古城大东街18号

时代　明代

类型　古建筑

2001年，被国务院公布为第五批全国重点文物保护单位。

据《大同县志》记载，大同九龙壁建于明洪武二十五年（1392），为明太祖第十三子代王朱桂府邸的照壁。清顺治六年（1649），代王府被清军付之一炬，唯九龙壁幸存。清代、民国曾有修缮。1954年，因城市建设，依九龙壁原状，向南迁移28米。

九龙壁坐南朝北，为单面七彩琉璃照壁。壁长45.5米，高8米，厚2米，下部为琉璃贴面须弥基座，束腰部分雕刻狮、象、麒麟、鹿、飞马等动物图案，壁身正面雕刻九条巨龙翻腾于云海中。全部壁面用426块黄、绿、白、赭、紫、蓝、黑色琉璃构件拼砌而成。龙壁顶部为仿木构庑殿顶，檐上勾滴、瓦垄、脊兽、戗兽俱全，正脊上雕刻行龙、莲花等图案。九龙壁前池沼长35米，宽4.75米，中有双孔石桥，四周设石栏杆，望柱上石雕石榴、动物等。

大同九龙壁布局严谨，雕刻技艺娴熟，色彩浑厚、凝重，全壁浑然一体，是我国年代最早、规模最大的九龙壁。同时，九龙壁是见证代王府兴亡的最重要遗存，代表了明代琉璃工艺的最高水平，具有较高的历史价值和艺术价值。

大同九龙壁全景

大同九龙壁细节

平城兴国寺

2019年，被国务院公布为第八批全国重点文物保护单位。

据《大同县志》记载，平城兴国寺建于明万历四十七年（1619），清康熙六年（1667）、乾隆三十年（1765）均有重修，1990年正殿落架重修，并翻修了窑房和北禅房。

寺庙坐西朝东，占地面积约1134平方米。中轴线现存正殿，两侧建窑洞配殿，均为明代遗构。

正殿为二层建筑。一层为砖券窑洞三孔。二层面阔三间，进深四椽，单檐歇山顶，黄、绿琉璃瓦覆盖，四周环廊，柱头和平身科木雕异形栱装饰，单步梁出头与廊柱相交，雕作卷云头，明、次间施隔扇门窗。一层廊下现存清代功德碑2通。

平城兴国寺将锢窑与木结构建筑结合，带有浓郁的地方特色，具有较高的历史和科学价值。

位置　大同市平城区迎宾街与府南街交叉口西北

时代　明代

类型　古建筑

平城兴国寺正殿正立面

平城兴国寺正殿二层

大同鼓楼

位置　大同市平城区永泰街中段

时代　明代

类型　古建筑

2019年，被国务院公布为第八批全国重点文物保护单位。

据清道光《大同县志》记载，鼓楼在永泰街正中，明时建，清顺治年修，乾隆二十七年（1762）重修。乾隆四十六年（1781）、咸丰二年（1852）又加修葺。

鼓楼为三层楼阁式建筑，高约20米。面阔、进深各三间，三檐十字歇山顶，琉璃宝刹装饰，额枋施旋子彩画。底层用青石砌成四角，十字穿心辟门，以通车马行人，廊下存清代碑刻9通，西北壁有木制楼梯可升至二、三层。第一、二层廊檐下斗栱为一斗二升交麻叶，三层檐下斗栱为单翘三踩斗栱，当心间三攒，次间两攒。二、三层楼阁均为满面门窗，周置回廊，外设凭栏，登高可环视市貌。顶楼上架放一大鼓，乃古时晚间报更时为“声闻四达”所用。

大同鼓楼是明代楼阁式建筑的典型代表，是大同市中心的一座地标性古建筑。

大同鼓楼鸟瞰

大同鼓楼正立面

许从赟墓

位置　大同市平城区大庆路街道新添堡村
时代　辽代
类型　古墓葬

1996 年，被山西省人民政府公布为第三批省级文物保护单位。

许从赟墓为辽景宗乾亨四年（982）大同军节度使许从赟夫妇合葬墓，1986 年 8 月发掘。

墓葬为砖砌单室墓，由墓道、高大的砖雕斗栱墓门楼、甬道和墓室四部分组成。墓道坡度较大，设多级不规则台阶，由南向北渐宽、渐深。墓门砖砌，圆拱形。门上筑门楼。门楼正面筑仿木结构的雕砖斗栱及其他建筑构件。墓室平面呈圆形，穹隆顶，为仿木结构，设影作立柱 6 根，将画面分成 6 幅。该墓的仿木结构作法与现存的唐代和宋初的一些建筑实物一致。

墓室周壁及墓顶皆绘彩色壁画。壁画地仗可分为三层，依次为粗泥层、细泥层、白灰层。壁画绘制在打磨光滑的白灰面上，画面主要采用墨线勾勒轮廓并填彩的技法，局部采用晕染法绘制。壁画依内容可分为三层：上层位于穹隆顶的四周，原绘星宿图案，目前仅存北斗七星和残月云朵图案；中层位于穹隆顶与立壁上端，绘仿木结构建筑；下层位于墓室立壁至近墓室地面处，画面以人物为主。

许从赟墓出土器物有长颈枭首壶、铁釜、臼、碾、锁、铃、钩、灯盏、鏊盘、铜镜、木俑、瓦当和墓志等，较有特色的为彩绘堆花座身分离式喇叭口形器和彩绘将军罐。

许从赟墓是辽代早期上层官吏墓葬的重要发现，对研究辽

许从赟墓外景

许从赟墓墓室入口

许从赟墓墓室仿木结构

史及民族交流史有着重要意义。该墓的发掘为确定辽代云中县的位置提供了线索。该墓墓室建筑的结构特征反映了辽初木结构的真实面貌，对于了解我国木构建筑的演变具有重要意义。

大同古城墙

位置 大同市平城区中心区域

时代 北魏、辽代、金代、明代

类型 古建筑

2016年，被山西省人民政府公布为第五批省级文物保护单位。

大同古称“平城”，或称“云州”“云中”，曾为北魏京师、辽金陪都、明清重镇，西汉始置平城县。汉高祖六年（前201），在旧城墙体外侧进行增筑，位置在今操场城北部范围内。天兴元年（398），道武帝迁都平城，在此城圈内大规模营造宫殿，并增筑了城垣，后于宫城南约400米处修筑了外城。此后，北齐、北周的恒安镇与隋代的云内县同样利用了北魏的外城。唐更名为“云州”，开元二十九年（741），在旧土城的基础上进行了修筑。辽初仍沿用唐云州城，升西京后，在旧城的基础上进行扩建，将北魏外城与宫城连成一体，组成了呈凸字形的西京大同城，金、元沿用，未变。明代实际上又将辽金凸字形城从中间拆开，形成南面呈方形的主城城圈和北面的北小城，天顺年间又筑了东小城和南小城。明正德《大同府志》载，明洪武五年（1372），大将军徐达在土城基础上增筑新城，平面略呈方形。清顺治六年（1649），大同古城墙遭到严重破坏。

大同古城墙现存城墙南北长1.82千米，东西宽1.8千米，周长7.24千米，面积3.28平方千米。整个城池的形制为东西略长的矩形。城墙之下设置有四扇城门，东为和阳门、南为永泰门、西为清远门、北为武定门，为保证交通便利，每个主门分

大同古城墙东城墙

大同古城墙控军台

设两个小门，城门共计十二座。四门之上分别建有城楼，其中月楼、箭楼、望楼、角楼间隔而立，四门之外建有瓮城、月城、护城河。

大同作为明代九边重镇之一，在历史上占重要地位，被誉为“北方锁钥”。明代统治者视大同为“首都之门户、三晋之屏藩、中原之保障”。

法华寺塔

2016年，被山西省人民政府公布为第五批省级文物保护单位。

据清道光《大同县志》载，法华寺始建于明代，因年久失修，寺院殿宇毁坏，仅存法华寺塔。

法华寺塔为覆钵式白塔，由基座、塔身、塔顶组成。塔建在一处六角平台之上，塔座为两层束腰八角须弥座，其上为覆钵式的塔身，塔身比较高瘦，下部细，中部粗，形若瓶腰。塔身四面开辟焰光门以供佛像，每个焰光门的上部及两侧有琉璃质的神像三尊，其上为“十三天”，用黄、绿、紫三色圆形琉璃收檐，共有八层相轮，相轮上下直径逐渐减小，其上为累迭天盘、地盘，冠以铜质鎏金的仰莲、宝珠顶。

法华寺塔形式优美，建筑工艺精巧，是大同市内现存唯一的白色空心喇嘛塔，为典型的明代建筑。

位置 大同市平城区古城和阳街北侧

时代 明代

类型 古建筑

法华寺塔正立面

玄真观

2016年，被山西省人民政府公布为第五批省级文物保护单位。

据地方文献记载，玄真观始建于明洪武年间，清顺治年间增筑，是在明代王府广智门旧址上新建的一座道观。玄真观坐北朝南，为高台式建筑，台基上层仅存正殿，两侧有东、西配殿。

台基北侧门洞上现存宽 1.98 米、高 1.18 米的砖雕门额一幅，内阳刻“广智门”三字。《明太祖实录》记载：“王城四门，东曰体仁，西曰遵义，南曰端礼，北曰广智。”与明正德《大同府志》“代王府图”中的广智门图示一致。现存台基应是明代早期建筑遗构。

正殿建在广智门砖券门洞台基之上，建筑结构古朴、用材规整、梁架完好。正殿面阔五间，进深五椽，梁架为六檩前出廊式，前歇山后悬山顶。

玄真观地域特征明显，是见证府城历史发展的实例。

位置 大同市平城区正殿街

时代 明代至清代

类型 古建筑

玄真观全景

大同开化寺

位置：大同市平城区古城内清远街

时代：明代至清代

类型：古建筑

2016年，被山西省人民政府公布为第五批省级文物保护单位。

据清道光《大同府志》记载，大同开化寺毁于姜瓖兵变，后在遗址上重建。大同古城内古建筑复原工程开展后，又在原寺址的基础上，对开化寺进行了复建和修缮。经过修复后的开化寺，如今为二进院落。寺院原有布局不明，现存大雄宝殿为明清时期建筑。

大雄宝殿位于中轴线上，面阔三间，进深六椽，单檐硬山顶，梁架为七檩无廊式，用材较大，保存完好。大殿后檐柱头卷杀明显，荷叶角背及丁华抹颏栱雕刻精美。大雄宝殿前出抱厦，面阔三间，进深四椽，单檐歇山卷棚顶。

大同开化寺现为辽金元民族融合博物馆，是一座以大同地区辽金元时期民族交流与多元文化为主题的专题性博物馆。

大同开化寺

大同开化寺大雄宝殿

朝阳宫

位置 大同市平城区古城西北隅

时代 清代

类型 古建筑

2016年，被山西省人民政府公布为第五批省级文物保护单位。

朝阳宫创建于明弘治年间。朝阳宫原为佛寺，后改为道院。1942年改名为“朝阳宫”。

朝阳宫为二进院落布局，中轴线上依次为山门、过殿、正殿，两侧设东、西配殿。山门两侧为钟楼、鼓楼。现存建筑为清代遗构。

正殿为二层建筑，面阔三间，进深四椽，单檐硬山顶，鼓镜式柱础。一层殿内塑关公，外设楼梯可达二层。二层殿内供奉道教三清教主。

过殿面阔三间，进深四椽，五檩无廊式，单檐硬山筒板布瓦顶。

朝阳宫虽历经岁月，但仍基本保留了原有风貌，是大同市具有代表性的道院古建筑之一，对研究大同地区明清时期的宗教活动、社会经济、民众生活、民俗文化等有重要作用。

朝阳宫鸟瞰

朝阳宫正门

大同纯阳宫

位置 大同市平城区鼓楼西街14号

时代 清代

类型 古建筑

2016年，被山西省人民政府公布为第五批省级文物保护单位。

大同纯阳宫创建年代不详，明洪武年间重修。2009年全面维修。目前建筑布局奇巧紧凑，亭台楼阁错落有致，长廊水榭曲径通幽，藏玄蕴妙，清静典雅，是一座集庙宇庄严、园林精巧为一体的三进院落。

纯阳宫坐北朝南，中轴线上由南至北依次为山门、灵官殿、祖师殿、献殿、正殿，东西两侧分别为钟鼓楼、东西配殿等附属建筑。现存建筑为清代遗构。

祖师殿位于二进院最北端，面阔五间，进深六椽，七檩前后廊式，单檐歇山琉璃剪边筒板布瓦顶。前后檐明间六抹隔扇门各四扇，前檐两次间四抹隔扇窗各四扇，柱头斗栱五踩双昂，平身科明、次间各三攒，梢间各一攒。

献殿及正殿位于三进院中轴线最北端。献殿面阔三间，进深五椽，六檩歇山卷棚式筒板布瓦顶，柱头科斗栱三踩单昂，平身科斗栱每间二攒。

正殿为二层建筑，面阔五间，进深五椽，六檩前出廊式，单檐硬山筒板布瓦顶，二层柱头科斗栱五踩双昂，平身科斗栱明间三攒，次、梢间各两攒。一层明、次间置六抹隔扇门各四扇，梢间置四抹隔扇窗各四扇，二层各间均施六抹隔扇门各四扇。

大同纯阳宫现存建筑梁架保存较好，木雕雀替雕刻精美，砖雕鸱吻和莲花正脊装饰外观优美，具有厚重而深刻的文化内涵。

大同纯阳宫鸟瞰

大同纯阳宫献殿、正殿

清真大寺

位置 大同市平城区清远街九楼巷19号

时代 清代

类型 古建筑

2016年，被山西省人民政府公布为第五批省级文物保护单位。

据寺碑记载，清真大寺创建于唐贞观二年（628），明、清两代均有重修。大寺坐西朝东，三进院落布局，东西长111米，南北宽95.5米，占地面积1.06万平方米。中轴线上建有山门、省心楼、礼拜殿，附建石桥、渗水池、讲堂、浴室等。现存建筑均为清代遗构。

礼拜殿是寺内的主体建筑，面阔五间，进深四椽，穹隆顶，殿顶琉璃瓦覆盖。覆盆式柱础，前檐出卷棚顶抱厦。殿内设壁龛，西北墙设演讲台，正中有三个穹形门，是典型的阿拉伯建筑风格。

省心楼平面呈方形，下部为十字砖券门，上部檐下施栱，五踩重昂，重檐歇山顶。

清真大寺是融中国古典建筑风格与阿拉伯经典建筑艺术于一体的殿堂式建筑，具有一定代表性。

清真大寺礼拜殿

大十字街五龙壁

2016年，被山西省人民政府公布为第五批省级文物保护单位。

大十字街五龙壁建于清雍正二年（1724），原位于大同县文庙正门前。

五龙壁坐南朝北，单面砖雕。长33.6米，高5.7米，厚1.22米，占地面积41平方米。壁座为砖砌须弥座，壁身有由青砖镶嵌而成的五条高浮雕团龙。壁顶为仿木结构庑殿顶，正脊两端砌有鸱吻。檐下施三踩斗栱二十四攒。龙壁两侧建砖雕八字墙，上雕两幅鲤鱼跳龙门的图案。

大十字街五龙壁是大同现存的唯一一座砖雕龙壁，其布局完整，画面生动逼真，壁身厚重、沉稳、大气磅礴，是难得一见的艺术珍品。

位置 大同市平城区大十字东街路南

时代 清代

类型 古建筑

大十字街五龙壁正立面

大十字街五龙壁侧面

大同文庙

位置：大同市平城区府学门街3号

时代：明代至清代

类型：古建筑

1996年，被山西省人民政府公布为第三批省级文物保护单位。

大同文庙即大同府学，原址在府治东，明洪武二十九年（1396）因代王朱桂转建藩邸迁移至今址。文庙在明宣德、正统年间均进行过规模较大的改建和扩建，后毁于兵火，嘉靖十六年（1537）重修。万历、天启年间又有增建。2008年对文庙进行修复和周边环境整治，修缮大成殿、乡贤祠、名宦祠等建筑，复建了棂星门、仪门、泮池、东西配殿、普贤阁、杏坛、明伦堂等建筑。

庙坐北朝南，占地面积4万余平方米，三进院落布局，中轴线上依次为棂星门、仪门、泮池、大成门、大成殿和尊经阁。现存建筑为明代遗构。

大成殿东西长28.15米，南北宽26.41米，台基高1.1米。周设石雕栏板、望柱、蹲狮。大殿面阔五间，进深八椽，单檐歇山顶，上覆琉璃瓦，并饰琉璃方心、脊兽、戗兽。大殿梁架为九檩无廊式构架，外檐斗栱七踩三翘，前檐明、次间装隔扇门，梢间为隔扇窗。

过殿面阔三间，进深四椽，悬山顶，斗栱五踩，五檩无廊式构架。

大同文庙见证了大同地区儒家文化的发展历程，其建筑设计精湛美观，布局严谨，时代特征、地域特征明显，是大同地区的一处重要人文景观。

大同文庙全景

大同文庙大成殿

李怀角 31 号民居

位置 大同市平城区古城街道

时代 清代

类型 古建筑

2021 年，被山西省人民政府公布为第六批省级文物保护单位。

李怀角 31 号民居创建年代不详。民居坐北朝南，一进院落布局，占地面积 447 平方米。文物建筑包括大门、影壁、二门、正房、东房、西房、南房、碾房。现存建筑为清代遗构。

正房位于中轴线北端，坐北朝南，正房三间，六檩卷棚硬山顶。梁架为六架梁上立瓜柱搭平梁，平梁上立双瓜柱承脊檩。前檐明间设六抹隔扇门装修。

影壁位于大门北侧，影壁俗称“照壁”，上有仿木椽檐，单坡瓦顶，正中设有横脊一道，两端置有麒麟兽，额头设有砖雕斗栱，两侧有砖雕垂花柱。影壁砖雕内容为青松、白鹤的吉祥如意图。

李怀角 31 号民居整体院落布局错落有致，建筑造型有别，是晋北地区具有重要代表性的四合院建筑。

李怀角 31 号民居正房

李怀角 31 号民居正门照壁

禅房寺砖塔

2006年，被国务院公布为第六批全国重点文物保护单位。

禅房寺砖塔始建于辽代，历代均有重修。因砖塔是禅房寺的一部分，故名“禅房寺砖塔”。清代时寺已不存，只存砖塔。

砖塔为八角七层楼阁式，通高11.7米。塔基平面呈八边形，边长4.1米，占地面积约81平方米。须弥座用规整的条石砌成，石料间由木榫贯固，上、下分别雕仰覆莲瓣，束腰部分雕刻莲花、牡丹和童子等，转角处雕力士托扛塔体，其上雕一佛二菩萨。与塔身相交部分的转角与补间分别施斜栱和一斗三升栱。塔身八角七层，向上逐层收分，各层檐下施仿木构斗栱、椽飞、勾滴、瓦垄，角出龙形耍头，下悬风铎。塔顶设塔刹，下为圆形覆钵，上为五层相轮，再上露盘承珠，刹杆立于其上。

禅房寺塔是现存年代较早的砖塔，是研究辽金时期建筑的宝贵资料。

位置 大同市云冈区口泉乡上窝寨村

时代 辽代

类型 古建筑

禅房寺砖塔远眺

禅房寺砖塔鸟瞰

禅房寺砖塔近景

大同观音堂

位置：大同市云冈区云冈镇小站村

时代：清代

类型：古建筑

2013年，被国务院公布为第七批全国重点文物保护单位。

大同观音堂始建于辽重熙六年（1037），金代毁于战火，明正统十四年（1449）、万历三十五年（1607）重建，清初再毁，清顺治八年（1651）重建，其后屡有修葺。

观音堂坐北朝南，占地面积约2300平方米，三进院落布局，中轴线上建有戏台、腰门、观音殿、三真殿，两侧建钟楼、鼓楼、碑亭和山门等。现存建筑为清代遗构。

山门位于寺庙东南角，前建有琉璃三龙壁。山门结构为砖券门洞，门额上嵌石刻横匾一方，上书“观音堂”。走进山门折西拾级而上是寺院的第一进院落，总体呈纵向长方形，一座戏台坐南向北，面对腰门和观音殿，建造在8米高的券洞上，从洞下过去是车马人行道。进入腰门，为寺院二进院落。观音殿位于二进院落中轴线上，坐北向南，面阔三间，进深两间，四椽悬山顶，覆以琉璃瓦。殿前置抱厦。殿内保存有辽代石雕像及清代壁画。观音殿后即是三真殿，为窑洞式仿木构建筑，用砖石砌成，分上、下两层，一层为三孔砖券窑洞，檐下砌二斗二升栱作装饰，设置巧妙。殿内中洞塑有佛、道、儒三教的“三真”像，左、右两洞为僧舍，洞外东、西两侧设有台阶可登殿顶。殿顶建木构殿阁五间，悬山顶。

大同观音堂格局完整，建筑布局小巧别致，是研究晋北地区清代建筑的重要实物资料。

大同观音堂观音殿正立面

大同观音堂观音殿内彩塑全景

云冈石窟

位置：大同市云冈区云冈镇云冈村

时代：北魏

类型：石窟寺及石刻

1961 年，被国务院公布为第一批全国重点文物保护单位。2001 年，被联合国教科文组织列入世界遗产名录。

云冈石窟的主要洞窟开凿于北魏和平年间到孝文帝太和十八年（494）之前，其余小窟龛一直延续到孝明帝正光年间。唐、辽时期进行过补刻，明、清时期亦对损坏造像进行过补塑。清顺治八年（1651）在 5、6、7 窟重新修建窟檐。云冈石窟依山开凿，东西绵延约 1 千米。现存大小洞窟龛 254 座、各种形制龛 1100 个、造像 59000 余尊。

北魏洞窟按石窟形制、造像内容和样式的发展分早、中、晚三期，第一期开凿于北魏和平初年至皇兴四年（460—470），以昙曜五窟等大像窟为代表，具有典型的犍陀罗艺术风格。第二期开凿于皇兴四年至太和十八年（470—494），以第 7 和第 8 窟、第 9 和第 10 窟等双窟为代表，其中第 5 和第 6 窟是北方石窟中国化的开始。第三期开凿于孝文帝迁都洛阳以后至正光五年（494—524），主要分布在 20 窟以西，以中小窟龛居多。此外，唐代造像有第 3 窟内的一佛二菩萨像 3 尊，辽代造像有第 11 窟内的菩萨像 2 尊。

昙曜五窟位于云冈石窟中部的北魏第一期窟群，即第 16 至 20 窟，是凉州佛教艺术的典型遗存。昙曜五窟相传是为太祖以下五帝开凿，分为两组，一组为 18 至 20 窟，开凿最早，以 19 窟为中心窟，主像高 16.8 米。另一组为 16、17 窟，分别为释迦

云冈石窟第 20 窟露天大佛

云冈石窟全景

立像和交脚菩萨像。洞窟平面呈马蹄形，穹隆顶，仿印度椭圆形草庐式。造像以三世佛为主尊，形体高大，双肩齐平，面相方圆，肉髻较高，深目高鼻，蓄八字须，或袒右肩、内着僧祇支，或着通肩袈裟。菩萨、飞天或袒上身，或斜披络腋，佩戴宝冠、璎珞和臂钏，着羊肠大裙，裙衣纹厚重、线条简洁。昙曜五窟造像深受挺秀劲健、浑厚质朴的犍陀罗艺术风格的影响。

第5窟和第6窟为一组双窟，是云冈第二期的代表作，前面有五间四层木构窟檐，清顺治八年（1651）重建。第5窟为穹隆顶，主像高17.4米，着双领下垂袈裟，是云冈石窟最大的佛像。第6窟长13.8米，宽13.4米，高14.4米，后室中心雕凿直通窟顶的方形塔柱，由基座、塔身两部分组成。塔身两层，下层四壁开龛，四角为千佛方柱，为盝形帷幕和圆拱重龛。塔柱上层每角雕成楼阁式塔柱，共九级，四面各雕佛像1尊，四壁布列上、下两层列龛。在塔柱龛楣两侧、四壁下层、南壁明窗两侧及东壁中层、西壁中层，采用浮雕与佛龛雕刻相结合的方法，雕刻佛传故事39幅，代表了北魏石窟佛传题材的艺术成就，也是云冈石窟中雕饰最为华丽和最富于变化的部分。

第3窟是云冈石窟规模最大的石窟，东西长约50米，南北宽约7.5米，崖高25米。前室为双窟，内部无雕塑，上方有一个巨大的平台，平台东、西两侧为山体斜坡立壁，在平台两端各有一座方形三层塔，四面开龛造像，虽风化严重，但中国传统建筑形式结构依稀可辨。在平台的中央紧靠崖壁突出一长方形洞窟，俗称“弥勒洞”。洞内北壁正面为盝形帷幕龛，内置狮子座交脚菩萨，东、西两壁及窟顶雕刻风化严重，窟顶雕平棊。后室平面呈凹字形，巨大的壁面共雕刻3尊佛像，主像高约10米，穿通肩衣，施说法印。左、右分别为观世音和大势至菩萨，高约6米，斜披由两肩绕下的络腋。左侧菩萨雕化佛宝冠，右侧菩萨宝冠上雕刻一个宝瓶。

吴官屯石窟位于云冈镇吴官屯村。根据洞窟形制及造像特征判断，该洞窟应为北魏晚期雕凿。吴官屯石窟坐北朝南，依山开凿，东西长约60米，高约3米，分布面积约180平方米。现存窟龛32座，多为小型洞窟，或四壁三龛式洞窟。主尊造像以释迦、多宝二佛并坐，交脚佛为主，两侧雕胁侍菩萨。2019年，国务院公布吴官屯石窟并入第一批全国重点文物保护单位云冈石窟。

鲁班窑石窟位于云冈镇云冈石窟西北约700米处。石窟开凿于北魏，辽代曾有修建。洞窟坐西朝东，南北长约60米，高约4米，分布面积约240平方米。现存洞窟3座，平面呈椭圆形，穹隆顶，四壁雕千佛，下层雕力士。石窟造像有千佛、力士、供养天人等。据洞窟形制与造像特征判断，该石窟与北魏云冈二期雕凿风格相同。2019年，国务院公布鲁班窑石窟并入第一批全国重点文物保护单位云冈石窟。

云冈石窟是我国三大石窟之一，规模宏大，雕凿技艺高超，其造像融合了西方文化与汉文化、鲜卑文化的艺术风格，形成了独特的“平城模式”，在中国石窟发展史上占有重要的地位。云冈石窟造像气势宏伟，内容丰富多彩，堪称“中国石刻艺术之冠”，被誉为“中国古代雕刻艺术的宝库”。

云冈石窟第 16 窟

云冈石窟第 3 窟后室主佛

吴官屯石窟外景

鲁班窑石窟全景

鲁班窑石窟造像

青磁窑遗址

位置 大同市云冈区云冈镇青磁窑村

时代 旧石器时代

类型 古文化遗址

1986 年，被山西省人民政府公布为第二批省级文物保护单位。

青磁窑遗址发现于 20 世纪 70 年代。该遗址距今十万年左右，地质年代暂定为中更新世后段，时代为旧石器时代早期后段。

青磁窑遗址的遗物主要出自含角砾的灰黄色和灰绿色的粉砂土层中。石器包括石锤、石凿、刮削器、尖状器等，动物化石有三门马、羚羊、古菱齿象、扭角羊等 8 个种类。1984 年和 1987 年，从地层中发现了 32 件石制品和 1 枚三门马上牙齿，并在遗址里采集了 21 件石制品和 5 件动物碎骨。

青磁窑遗址是山西重要的旧石器时代早期遗址之一，对揭示人类早期的生活方式意义重大。

青磁窑遗址远景

青磁窑遗址出土石器

高山遗址

位置　大同市云冈区高山镇高山村

时代　旧石器时代、新石器时代

类型　古文化遗址

1965年，被山西省人民委员会公布为第一批省级文物保护单位。

高山遗址是中国科学院地质研究所李星学先生于1950年5月发现的，同年7月下旬，文化部雁北文物勘查团裴文中、陈梦家先生等至此复勘。山西省考古研究所于1977年9月和1983年3月，曾做过进一步的调查。

高山遗址台地由砂质黄土沉积而成，西高东低，高出现河床15米左右，台地西侧是孟家湾河，北临武周川，南靠109国道，由于常年受河水的冲刷，台地的一部分已被侵蚀，遗址也相应地遭到了破坏，并且已成为断丘。在最北的一段台地上，石片和陶片较多，尤以石片最多，可能是当时人类活动的主要场地。

高山遗址遗物丰富、类型较多，既有我国细石器遗址中的常见类型，如细石叶、锥状石核、圆头刮削器、石镞等，也有一些很少见的类型，如扁平梯形楔状石核、带棱脊的石核、长石片石器等，尤其是带棱脊的细石核，在高山遗址中占有一定比例，为高山遗址细石器的突出特点之一。陶片数量较少，多为灰黑色，质地坚硬，含砂较少，细夹砂者居多，纹饰有篮纹、绳纹、篦纹等。

高山遗址的发现为研究古代人类生产、生活提供了重要资料，不同遗物的出土也为进行下一步研究奠定了基础。

高山遗址远景

高山遗址近景

辛寨龙王庙

位置 大同市云冈区口泉乡辛寨村

时代 清代

类型 古建筑

2016 年，被山西省人民政府公布为第五批省级文物保护单位。

辛寨龙王庙创建年代不详，1989 年对正殿、戏台进行过维修。庙宇坐北朝南，现存一进院落。中轴线上依次建戏台、正殿，正殿西侧现存一耳殿，戏台两侧各设一掖门。现存建筑为清代遗构。

正殿位于中轴线最北端，面阔三间，进深四椽，六檩前廊式构架，单檐硬山顶。前檐出歇山卷棚顶抱厦，面阔三间，单檐歇山卷棚顶。正殿明、次间均置六抹隔扇门各六扇。

戏台位于中轴线南端，坐南朝北，面阔五间，前出抱厦面阔三间，屋顶形式为勾连搭式，前为单檐歇山顶，后为单檐硬山顶。山墙上设细花草图案砖雕，下设圆形露窗。山墙两侧设砖砌八字墙照壁，壁心书写“福”字。

东西掖门为单檐悬山筒板布瓦顶，檐下以仿木构建筑形式砖雕檩枋、椽飞等花卉吉祥图案构件，雕刻精致，保存完整。

辛寨龙王庙整体建筑保存完好，为研究当地清代建筑提供了实物资料。

辛寨龙王庙正殿

胡氏宅院

位置 大同市云冈区口泉乡店村

时代 清代

类型 古建筑

2021 年，被山西省人民政府公布为第六批省级文物保护单位。

胡氏宅院俗称“东大院”，始建年代不详，现存建筑为清代遗构。宅院坐北朝南，占地面积约 857 平方米，原为二进院落，由于年久失修，一进院落建筑塌毁，大门不存，现仅存二进院落。中轴线上由南向北为过厅、正窑，过厅西侧为碾坊，院内两侧建有东、西厢房。

正窑位于中轴线最北端，为砖砌五孔窑洞，平顶。券洞上券面雕仿木垂莲柱、八仙与盆景等。明间开间最大，设六扇木制隔扇门。次间、梢间面阔依次减小，窗户为菱形窗与直棂窗。东、西厢房均面阔三间，单坡硬山顶。过厅位于中轴线南端，面阔三间，进深三椽，单檐卷棚硬山顶。

胡氏宅院对于研究当地历史、文化传承具有一定价值。

胡氏宅院鸟瞰

胡氏宅院正窑

高店关帝庙

位置：大同市云冈区西韩岭乡高店村

时代：清代

类型：古建筑

2021年，被山西省人民政府公布为第六批省级文物保护单位。

据庙内现存碑记载，高店关帝庙建于清乾隆年间，同治八年（1869）进行了扩建。庙院坐北朝南，一进院落布局，占地面积约910平方米。中轴线上由南而北建有戏台、大殿，大殿两侧建有马王庙、财神庙，院落两侧有东西配殿、东西廊房，东西廊房最北间为钟鼓楼，戏台两侧设东西掖门。现存建筑为清代遗构。

大殿位于中轴线最北端，坐北朝南，面阔三间，进深四椽，单檐硬山顶，梁架为六檩前出廊式构架，明间出抱厦一间，抱厦梁架为六檩卷棚歇山式，筒板瓦屋面。殿内现存清代壁画44平方米。

戏台位于寺庙最南端，与大殿位置相对，建在高0.7米的台基上，面阔三间，进深六椽，后台两椽硬山顶，前檐为歇山卷棚抱厦。

高店关帝庙是研究清代建筑风格、社会文化的重要实物资料。

高店关帝庙全景

焦山寺石窟

位置 大同市云冈区高山镇高山村

时代 北魏

类型 石窟寺及石刻

2016年，被山西省人民政府公布为第五批省级文物保护单位。

焦山寺石窟开凿于北魏年间，辽金时期曾在窟前建有木构寺庙，2003年对焦山寺石窟进行了全面修建。

石窟整体建筑依山而建，寺址坐北朝南，依山势辟五层平地，一至二层为新建寺院，三至四层为北魏时期所开凿石窟。窟龛分布在东西长约60米、高约15米的崖面上，分布面积约900平方米。洞窟形制有大像窟、僧房窟、禅窟等，共11个洞窟，窟内造像主要有释迦牟尼、二佛并坐等题材，造像均已风化。

寺院最高处存辽代六角三层楼阁砖塔1座，通高10米，各层正面砌拱券门，檐部雕三踩仿木斗栱，内砌梯道，可以登临。

焦山寺石窟是云冈峪文化长廊的重要组成部分，为了解平城地区佛教文化提供了重要的实物资料。

焦山寺石窟远景

焦山寺石窟第 9 窟

李汪涧遗址

位置：大同市云州区西坪镇李汪涧村

时代：旧石器时代

类型：古文化遗址

2021 年，被山西省人民政府公布为第六批省级文物保护单位。

李汪涧遗址是泥河湾盆地西端—大同盆地东北部的一个地层堆积较为完整的晚更新世露天遗址。遗址地层堆积较厚，其中河湖相沉积中发现古人类活动痕迹，共有 4 个不同堆积的文化层。经光释光测定，第一、二、三文化层的年代为 64kaBP—100kaBP，第四文化层年代数据尚在实验中。

遗址中发现了数量较多的动物骨骼和牙齿化石，初步可鉴定的种属有马、牛、狼、犀牛、啮齿类动物等。遗址的石制品特征显示出属于华北地区特有的小石片石器范畴，类型较为全面，包括石核、石片、工具、残片、断块、碎屑等，数量上以废片为主，工具类型以刮削器和尖状器为主。刃缘修理多为单层修疤的石制品和破碎肢骨化石的发现，表明古人类在该遗址进行过石制品生产和处理猎物的行为，推测可能为一处临时性生产工具、处理食物的营地。

李汪涧遗址的年代数据显示其位于现代人类起源和扩散的重要节点，为研究现代人类起源和扩散提供了新的材料。李汪涧遗址中具有人工打制痕迹的骨制品及石制品技术特征等都体现出现代人类的行为特征，说明距今 10 万—6 万年左右我国北部草原与荒漠草原过渡地带存在现代人类活动，为现代人类起源“连续进化，附带杂交”的假说提供了考古学文化证据。

李汪涧遗址地层剖面

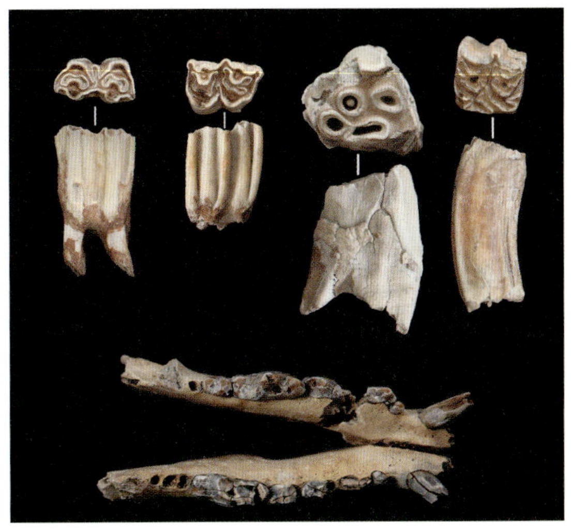

李汪涧遗址发现的动物牙齿化石

李汪涧遗址发现的石刻工具

吉家庄遗址

位置 大同市云州区吉家庄乡吉家庄村

时代 新石器时代

类型 古文化遗址

1965 年，被山西省人民委员会公布为第一批省级文物保护单位。

吉家庄遗址于 1957 发现，1988 年山西博物馆对吉家庄遗址进行了调查。1991 年北京大学考古系、偏关县博物馆再次对吉家庄遗址进行了调查。自 2017 年至今，大同市考古研究所、山西大学、中国人民大学等联合对吉家庄遗址进行了大规模的考古发掘。

遗址地处桑干河上游，面积约 2 平方千米，发掘面积 4315 平方米。清理遗迹种类、数量较多，主要有房址、陶窑、灰坑、灰沟、墓葬等。出土遗物种类丰富，主要有玉、石、骨、蚌、铜、瓷、铁等材质的器物，包含仰韶文化中晚期、龙山文化晚期、辽金等阶段遗存。

吉家庄遗址是大同地区目前已知面积最大、堆积较厚、遗存复杂的一处史前时期遗址。它的发掘不仅有利于对大同地区史前考古学文化面貌的辨识和命名，而且有利于桑干河流域史前考古学文化谱系的构建。更为重要的是，这一地区是以燕山南北、长城地带为重心的北方文化区和以晋南、关中、豫西为中心的中原文化区之间的文化纽带，亦即苏秉琦先生所提出的“Y”字形文化带，这一文化纽带作为“中国文化总根系中一个重要直根系”，直到今天依然是探讨中国古代文明起源的重要地区之一。

吉家庄遗址发掘区全景

吉家庄遗址龙山文化时期 M1

吉家庄遗址辽金时期帐篷遗迹

东水地城址

位置 大同市云州区许堡乡东水地村

时代 东周、汉代

类型 古文化遗址

2021 年，被山西省人民政府公布为第六批省级文物保护单位。

东水地城址始建于战国，沿用至汉代。据《汉书·地理志》记载，赵献侯十三年（前 411），城平邑。结合大同附近汉代城址分析，东水地应为平邑城故址，汉复置，汉以后废弃。

城址占地面积约 22.75 万平方米，平面呈长方形。现存东、西墙及南墙部分墙基，北墙不详。东墙残长约 500 米，残高 3.3 米，最宽处厚 10.5 米，夯层厚约 0.2 米。西墙残长 335 米，东西墙相距 455 米。

城址地表采集遗物有战国时期的豆、釜、陶片、瓦片，陶质以泥质灰陶为主，器物纹饰有粗绳纹。出土汉代器物有筒瓦、板瓦及方格纹罐等，纹饰为抹断绳纹、瓦楞纹。

东水地城址地表遗物丰富，为研究大同地区城市建置发展史提供了实物资料。

东水地城址

西册田遗址

位置：大同市云州区许堡乡西册田村

时代：北魏

类型：古文化遗址

2016年，被山西省人民政府公布为第五批省级文物保护单位。

西册田遗址又称“法门寺遗址”，是一处北魏时期专门烧造皇家建筑材料的陶窑遗址。

遗址东西长约287米，南北宽约229米，占地面积约6.5万平方米。北部、东部水库岸边的断崖处、地层中多见有密集的残砖瓦，断崖处存在两处文化层，长约10米，厚约0.7米，由砖、瓦、罐的残片和木炭灰烬组成。

遗址范围内地表遗物密集，大部分是北魏遗物。此外，还有部分新石器时代晚期和汉代陶片。

西册田遗址对研究北魏平城时期的建筑艺术、制陶工艺有重要价值。

西册田遗址全景

西册田遗址采集遗物

陈庄墓群

位置 大同市云州区西坪镇陈庄村

时代 北魏

类型 古墓葬

2021年，被山西省人民政府公布为第六批省级文物保护单位。

2010年4月，山西省考古研究所与大同市考古研究所联合对陈庄北魏墓进行了抢救性发掘，发现的墓葬为长方形斜坡墓道双室砖墓，由墓道、封门、前后甬道、前后墓室及地表封土组成。墓葬全长45.1米，坐北向南，墓向186°。墓葬封土位于墓道近北部和墓室之上中心稍偏东，平面呈不规则圆形，剖面呈三角形，整体形状呈圆锥体。

墓道位于墓室南端，为长方形斜坡墓道，平面略呈梯形，坡度17°。封门位于墓道与前甬道之间，两层封堵，由虎头门墩、门框条石、半圆形门额和长方形门板组合而成，砌在前甬道南口。

出土器物按质地可分为陶、铁、铜、金、石、木、漆器。陶器有动物模型、俑和生活器皿，骆驼、驴、狗、鸡、虎子、胡人俑、武士俑头、女侍俑头、女俑头、男俑头、磨、灶各一，此外还出土玛瑙棋子、石兽首门墩、金箔饰、贝壳饰件等。另外，前室出土较多陶俑残件和红色漆器残片。后室东南角出土一件白灰枕，枕面下凹，两端上翘，呈元宝形。

从墓室遗存的棺板数量和痕迹分析，当为单棺，棺下设棺床。骨架散置于后室各处，人骨两具，一男一女，为夫妻同棺合葬。

陈庄墓群北魏墓远景

陈庄墓群北魏墓出土骆驼俑（残）

陈庄墓群北魏墓壁画

陈庄墓群北魏墓墓顶

该墓大致年代为北魏迁都洛阳以后，属北魏晚期墓葬。大同北魏晚期墓葬虽在周边地区偶有发现，但资料单一且不完整，迁都洛阳以后的分布如此集中、规模如此之大的墓地还属首次发现，此墓出现在陈庄附近绝非偶然，印证了北魏后期政府无暇顾及北边，特别是六镇起义后，地方诸侯割据一方的史实。墓室内壁画的匆忙绘就及画工的草率，也说明了死者下葬仓促，从另一侧面反映出北魏晚期大同地区时局的动荡不安。

许家窑—侯家窑遗址

位置 大同市阳高县古城镇许家窑村东南

时代 旧石器时代

类型 古文化遗址

1996年，被国务院公布为第四批全国重点文物保护单位。

经测年，许家窑—侯家窑遗址的年代应处于晚更新世早期，绝对年代为距今10万—12.5万年。

遗址发现的人类头骨和牙齿化石的特征显示许家窑人应属尼安德特人范畴，推测是从北京人向尼安德特智人的过渡类型。而且人类化石材料表明，许家窑村一带的水质自古以来含氟量较高，许家窑人的某些个体曾患过“氟牙症”（“氟性斑釉”）。

许家窑—侯家窑遗址石制品的特征符合中国北方以“小石器”为主的工业类型。石制品类型多样，包括石锤、石核、石片、废片、断块、石器等。石器种类丰富，包括刮削器、尖状器、雕刻器、石钻、石球等。各种类型的刮削器和石球是该遗址的代表性器物，已经发现石球1079个，其数量之多不论是在中国还是在世界上都是少见的。有学者根据民族学资料推测，比较小的石球可能是狩猎工具“飞石索”上的弹丸，大的可能是一种投掷武器。

许家窑—侯家窑遗址是中国旧石器时代中期最具代表性的遗址之一。该遗址发现了丰富的古人类化石、石制品及动物骨骼化石，是同时期材料最丰富的遗址之一。经过多次的发掘和综合研究工作，该遗址已成为国内综合研究水平较高的旧石器时代遗址，在旧石器时代文化演变及人类演化进程的研究中占据重要的地位。

许家窑遗址

许家窑遗址考古发掘点

a. 人类头骨化石　　　　b. 人类牙齿化石

许家窑遗址发现的人骨化石

古城堡墓群

位置：大同市阳高县古城镇东靳家洼村、许家窑村

时代：汉代

类型：古墓葬

2006年，被国务院公布为第六批全国重点文物保护单位。

古城堡墓群现存58座墓葬，包括南犁园东岸25座、西岸15座、古城堡北8座、古城堡东10座。墓葬封土高约4—6米，封土周长30—50米。

其中东靳家洼墓群面积约10万平方米，地表现存圆形封土7座，底径为9—30米，残高为3—5米，墓葬呈南北向排列。古城墓群面积约19万平方米，地表现存圆形封土12座，底径为10—33米，残高为4—6米。下娘城墓群面积约1万平方米，地表现存圆形封土2座，底径为10—20米，残高为4—5米。

20世纪40年代，对其中的6座墓葬进行了清理。从墓葬形制及随葬器物来看，古城堡墓群应为西汉早期墓葬，为研究北方长城地带汉墓提供了实物资料。

古城堡墓群

云林寺

位置：大同市阳高县龙泉镇新华南街

时代：明代

类型：古建筑

2006年，被国务院公布为第六批全国重点文物保护单位。

云林寺又名“云林禅寺”，俗称“西寺”“西大寺”，清末改称为“云林寺”。创建年代不详，清宣统元年（1909）进行过小规模修葺，1983年修筑山门，1990年重建东西配殿及南配殿。

寺坐北朝南，南北长约106米，东西宽约67米，占地面积约7000平方米。原为三进院落布局，中轴线上依次分布山门、天王殿、大雄宝殿和金刚殿，两侧为钟楼、鼓楼、厢房。现仅存大雄宝殿、东西耳殿、天王殿、东西配殿。现存建筑为明、清遗构。寺内存有明代壁画、塑像、木雕等珍贵文物。

大雄宝殿面阔五间，进深八椽，彻上露明造，檐下施七踩斗栱，单檐庑殿顶，绿色琉璃瓦剪边，跨东西耳殿各三间。殿内柱网采用减柱、移柱造，扩大了殿内礼佛空间。殿内东西两壁、后壁及扇面墙背面分布壁画约200平方米。北壁绘佛、菩萨、明王像，布列规整，端庄严谨，色彩以青、绿为主，深沉古朴；东西两壁绘道教仙人和儒教三纲五常的典范，各像多手执圭、笏、剑、戟等物，侧身北向，作朝贺状，与殿内塑像相呼应，形成诸仙礼佛的盛大场面，色彩以青绿、赭黄、朱红为主，局部沥粉贴金，人物服饰、冠戴为明代风格。壁画人物以组出现，共计123组，并有榜题。扇面墙绘山水云气烘托的三大士、童子像，画面疏朗，气势宏阔，与东、西、北壁风格迥

云林寺大雄宝殿

异。殿内现有塑像25尊，系明代原作，清代重妆。依后槽金柱筑佛坛三间，上塑三世佛，即释迦佛、药师佛、阿弥陀佛，主尊两侧为二弟子及二护法金刚，沿山墙佛坛上塑十八罗汉像。塑像面容丰满，衣纹流畅，整体风格自然得体。

云林寺建筑规模宏大，真实反映了明代以来阳高县内佛教信仰的兴盛状况，是晋北地区佛教文化的重要组成部分。寺内壁画、彩塑为研究我国明代艺术史及明代礼乐、服饰制度提供了珍贵的实物资料，具有极高的历史价值和艺术价值。

云林寺大雄宝殿壁画

杨塔村砖塔

位置 大同市阳高县狮子屯乡杨塔村

时代 辽代

类型 古建筑

2016 年，被山西省人民政府公布为第五批省级文物保护单位。

杨塔村砖塔又名“阳高辽砖塔”，简称“杨塔”，创建年代不详，现存建筑为辽代风格。1988 年修复底座。2014 年 3 月经考古发掘后，修复塔刹并重修基座。

砖塔坐北朝南，属六角五级密檐式实心砖塔，由塔身、塔基、塔刹三部分组成，通高约 8 米。塔基平面呈六边形，边长约 2 米，二重束腰须弥座叠置，高约 1 米，上枭为仰莲瓣，束腰部每面均设倚柱。各层塔檐下设仿木构砖雕额枋、斗栱、椽飞等，一层檐下斗栱为五铺作，二、三层檐下斗栱均为四铺作，各层塔檐砖砌叠涩、重叠密致、收分明显。

杨塔村砖塔外形轻巧俊丽、独具一格，整体造型在雁北区砖塔中极具代表性，是研究辽代佛塔的典型实例。

杨塔村砖塔

沙梁坡汉墓群

位置　大同市天镇县玉泉镇季冯夭村

时代　汉代

类型　古墓葬

2006年，被国务院公布为第六批全国重点文物保护单位。

沙梁坡墓群面积约476万平方米。墓群地表现存封土46座。1989年修筑国防公路天（镇）走（马驿）路，对途经的三冢进行了发掘，最大一冢为东汉郡守级官职墓葬，出土剑、六博等器物。1991—1992年，发掘汉墓2座，出土一批汉代陶器、铜器等。封土为圆形，底径16—45米，高6—12米，黄土夯筑，夯层厚0.25—0.4米。封土周围散落素面或细绳纹泥质灰陶残片。

根据东汉礼制，官职品位越高，封冢越高大，众多高大的封冢汇集于此，是汉王朝抵御北方少数民族南下或开疆拓土的历史印证。同时，沙梁坡汉墓群出土的陶器、铜镜、五铢钱、带钩、印章、环首刀、玉饰品、砚台等随葬器物，为研究汉代的手工业发展水平、社会等级制度提供了重要的资料。

沙梁坡汉墓群全景

慈云寺

位置 大同市天镇县玉泉镇西街

时代 明代

类型 古建筑

2006年，被国务院公布为第六批全国重点文物保护单位。

慈云寺原名“法华寺”。创建于唐，辽开泰八年（1019）重修，元时被毁。明宣德三年（1428），敕建慈云寺，至宣德五年（1430）建成，并更名为“慈云寺”。明嘉靖十八年（1539）重建，清乾隆三十八年（1773）补葺。

寺院坐北朝南，三进院落布局，南北长131米，东西宽110米，占地面积约1.44万平方米。中轴线上由南向北依次有山门（金刚殿）、大雄宝殿、释迦殿和毗卢殿等建筑，两侧为厢房、耳殿、钟楼、鼓楼。

大雄宝殿建于明宣德年间，平面近方形，面阔三间，进深六椽，七檩前后廊式，单檐歇山顶。七踩单翘重昂斗栱，栱眼壁绘“龙串富贵”等图案。明间设隔扇门，次间置直棂窗。殿内四壁满绘壁画，内容为佛传故事，绘有明王、菩萨众、十六罗汉等，与建筑同为明宣德年间作品。

慈云寺是雁北现存明清建筑中总体布局最完整且保存完好的古代建筑群，被誉为“关北巨刹”。寺院建筑风格独特，砖雕装饰富丽，壁藏楼阁精巧，壁画敷色鲜艳，代表了明清建筑艺术的营建水平。特别是前院的钟、鼓二楼，其圆攒尖顶的建筑形式在国内现存钟鼓楼中极为罕见。毗卢殿内的木雕藏经阁，构思奇巧，制作精良，是明代小木作中的佳品；殿顶的琉璃构件亦是明代琉璃的上乘之作。

慈云寺二进院

慈云寺释迦殿

新平玉皇阁

位置：大同市天镇县新平堡镇新平村

时代：明代

类型：古建筑

2016年，被山西省人民政府公布为第五批省级文物保护单位。

新平玉皇阁又名“镇边楼”。据梁上墨书记载，玉皇阁修筑于明万历十一年（1583），清康熙二十七年（1688）、乾隆四十六年（1781）、1992年均有修葺。

玉皇阁坐北朝南，南北长14.3米，东西宽10.4米，占地面积约148.7平方米。现存建筑为明代遗构。

玉皇阁楼身二层，建在高约5.55米的砖砌台基上，中部券洞可四面通行。楼身平面呈方形，面阔三间，抹角梁上置老角梁，为歇山顶楼阁式建筑。一层阁前檐明、次间均施隔扇门，其余三面筑墙。一层内部三面墙体残存道教众神壁画41.2平方米。二层设勾栏平座，柱头额枋垂直搭交，柱头为三踩单昂斗栱，平身科斗栱明间每间一攒，内部梁架为平棊遮挡。南、北两侧明间施隔扇门四扇，次间施隔扇门两扇；东、西两侧明间施隔扇门四扇，次间施隔扇门两扇。二层栱眼壁上绘有旋花、瑞草、人物等吉祥水墨图案。各层设楼梯可攀爬。

新平玉皇阁位于新平堡村的村中央，不仅是新平村的标志性建筑，更是我国北方仅存的一处较为完整的十字过街阁，为研究当地历史变迁提供了很好的实物证据。

新平玉皇阁航拍图

新平玉皇阁南立面

盘山石窟

位置 大同市天镇县玉泉镇滹沱店村

时代 明代

类型 石窟寺及石刻

2004年，被山西省人民政府公布为第四批省级文物保护单位。

盘山石窟又名“盆山寺”。据清乾隆《天镇县志》及有关资料记载，寺院修筑于唐代。明宣德二年（1427）重修，称“显化寺”，俗名“盆儿山寺”。明弘治五年（1492），游击将军董公等“凿深洞于后，建邃阁于前”，并捐资开窟造像，形成石窟、寺院两部分。明正德二年（1507），寺院正殿毁于火灾。此后屡有增修。寺院现存建筑为2001年重新修建，更名为“盘山寺”。

盘山石窟依山开凿，长50米，高25米，面积约1250平方米。石窟坐东朝西，现存南、北两个洞窟，洞窟为平顶方形。南窟也称“观音洞”，宽3.5米，深3.8米，高2.7米。洞内正壁为华严三圣像，半跏趺坐；左、右壁为十八罗汉等像，均倚坐，手持法器。造像大者1.6米，小者仅0.5米。北窟亦称“仙人洞”，宽3.75米，深3.7米，高2.85米。洞窟内壁面平整，满壁凿痕，三壁设坛。正壁壁面正中浅浮雕观世音菩萨像一尊，高髻，饰圆形头光和背光；左、右壁壁面无造像。

盘山石窟的开凿是佛教由西域向内地传播的结果，是了解和研究我国晋北地区，特别是大同天镇地区明代社会、政治、经济、文化乃至宗教等方面情况的重要资料。

盘山石窟远景

盘山石窟南窟正壁华严三圣像

水神堂

位置　大同市广灵县壶泉镇稻地村

时代　明代至清代

类型　古建筑

2006年，被国务院公布为第六批全国重点文物保护单位。

水神堂原名“丰水神祠”，是丰水神祠和大士庵的合称，因建在壶山下，故又称“壶山水神堂”。据庙内碑刻记载，始建于明代，清乾隆年间增建文昌阁，改名“水神堂”。

水神堂坐北朝南，二进院落布局，占地面积约1673平方米。建筑群总体呈八边形，中轴线上建有山门、正殿（圣母殿），东轴线上建有钟楼、长廊、砖塔、配殿、禅房、文昌阁等，西轴线上建有鼓楼、长廊、配殿、老君殿。

灵应宝塔为水神堂附属建筑之一，建在东轴线南侧，占地面积约46平方米，为六角七层密檐实心塔。宝塔创建年代不详，三层壶门阴刻“光绪二十五年重修”题记。塔基呈六边形，由青石条砌筑，边长3.4米，高1.2米。塔身通体砖雕仿木构且逐层收分。一、二层额枋上连珠斗栱八朵，每面雕隔扇花门、椽飞、连檐、滴水、瓦垄及翼角套兽、垂兽、铃铎等；三层以上因面阔减小，每面仅辟砖券壶门。塔刹由刹座、覆钵、相轮、宝珠、刹杆等组成，塔高18.7米。灵应宝塔是水神堂建筑群的精粹，被推为雁北清代砖塔的代表。

正殿（圣母殿）面阔三间，进深六椽，单檐悬山顶，黄琉璃瓦方心点缀。文昌阁东、西两侧墙面镶嵌清代卧碑2通，西长廊存有清代碑刻6通，院内存有碑刻13通。

水神堂除南北中轴线主体建筑之外，门、廊、厅、室等八

水神堂远景

面环筑，结构紧凑，浑然一体。大小、高低不等的建筑物错落有序，井井有条，为典型的八合院，在建筑史上相当罕见。

水神堂文昌阁

洗马庄遗址

位置 大同市广灵县蕉山乡洗马庄村和加斗镇上恩庄村

时代 旧石器时代

类型 古文化遗址

2016年，被山西省人民政府公布为第五批省级文物保护单位。

洗马庄遗址俗称“花石头沟”，是晋冀两省的分界线。遗址东西长约872米，南北宽约679米，分布面积约59.2万平方米。地质年代为晚更新世。

遗址内遗物丰富，地表暴露的遗物有刮削器、尖状器、石片等，石质主要为红白相间的燧石。1975年，山西省考古研究所陈哲英先生曾做过调查，发现了新石器晚期陶片、东周陶片及宋金以后瓷片等，但以大量石制品为主要文化遗物，因此将其定为旧石器时代文化。遗址先后采集石制品近千件，原料基本是硅质酸性火山岩，石英岩很少，质地脆硬，种类有石核、石片、尖状器、刮削器、石镞、石锥等。

洗马庄遗址在一定程度上填补了大同盆地旧石器时代遗址的空白，为研究晋北地区旧石器时代晚期文化提供了重要的实物遗存。

洗马庄遗址远景

洗马庄遗址地表石器

洗马庄遗址采集标本

洗马庄墓群

1986 年，被山西省人民政府公布为第二批省级文物保护单位。

洗马庄墓群东西长约 2 千米，南北宽约 0.5 千米。墓群共有 11 座汉墓。其中，9 座墓葬的封土堆保存基本完整，呈圆形，高 4—7 米，周长 130—400 米。另外两座墓封土已毁。

1992 年，发掘了其中的一座，为汉代多室砖墓，穹隆顶。墓室总长 6.2 米，宽 1.53 米，距地表 1.8 米，出土文物有罐、勺、耳杯、壶、灶、井、案、仓等陶器，铜镜，铁带钩和 2 枚“大泉五十”、44 枚“五铢”钱币。

洗马庄墓群整体保存状况较好，为我们研究晋北地区汉代埋葬制度和社会生活等提供了重要资料。

位置 大同市广灵县蕉山乡洗马庄村

时代 汉代

类型 古墓葬

洗马庄墓群远景

洗马庄墓群封土近景

千福山汉墓群

2004 年，被山西省人民政府公布为第四批省级文物保护单位。

千福山汉墓群南低北高，依山而葬。目前，明显暴露于地表上的封土堆有 9 座，保存尚好，民间俗称“谎粮堆”。墓群占地面积约 33.3 万平方米，南北向排列，东西向并穴。其中 1、2 号和 3、5 号墓的封土直径为 30—35 米，高 15—20 米；另 5 座直径为 17—20 米，高 14—17 米。

1984 年，清理两座砖室墓，出土器物有陶楼、壶、罐、案、勺、盘、人俑、猪俑和部分铁器、铜镜、钱币等。1988 年，清理一座石圹木椁墓葬，出土器物有铜鼎、洗、镜、勺、骰、鎏金弩机和少量陶器等。

千福山汉墓群的发现和研究有助于了解汉代的社会结构、文化习俗和生活方式，墓群出土文物为研究汉代的工艺技术和日常生活提供了丰富的实物资料。

位置 大同市广灵县壶泉镇西关村

时代 汉代

类型 古墓葬

千福山汉墓群远景

千福山汉墓群近景

直峪圣佛寺塔林

位置
大同市广灵县宜兴乡直峪村

时代
辽代至清代

类型
古建筑

2016年，被山西省人民政府公布为第五批省级文物保护单位。

直峪圣佛寺塔林俗称“和尚坟”。始建于金章宗泰和年间，明嘉靖四十二年（1563）大修，清代多次重修。现仅存寺院基址和塔林等。

直峪圣佛寺塔林，南北长80米，东西宽50米，占地面积约4000平方米，是寺院历代住持的墓地，目前还未发掘。从裸露的沟纹砖判断，时代应为辽代至清代。地面现存舍利塔15座，直径1.5—2米，残高3—5米。舍利塔由台基、覆钵塔身及相轮塔刹构成，其中台基多为双层八角形须弥座砌筑，壶门砖雕精致。部分台基上雕刻有荷花、兰花、竹子、云纹，传达着独属于佛教的恬静之美。

直峪圣佛寺塔林保存较好，是研究当地宗教史的珍贵宝藏，具有重要的历史价值。

直峪圣佛寺塔林全景

直峪圣佛寺塔林塔座砖雕

安坚寺

位置：大同市广灵县加斗镇东留疃村

时代：明代至清代

类型：古建筑

2016年，被山西省人民政府公布为第五批省级文物保护单位。

据正殿大梁题记，安坚寺建于明正德八年（1513），清代嘉庆二十三年（1818）重修。寺院坐北朝南，原为二进院落布局，现存一进院落。中轴线上的建筑依次为过殿、正殿，正殿前为西配殿，占地面积约970平方米。

过殿为关公殿，面阔三间，进深五椽，六檩前出廊式，单檐硬山顶，筒瓦屋面。前檐明间置板门，后檐明间施六抹隔扇门四扇，次间施四抹隔扇窗各四扇。内墙绘有曹操赠马、白马山前斩文丑、黄河渡口斩颜良、华容小道挡曹、峪阳关斩韩福等三国演义故事壁画，总面积约35平方米。西山尖墙绘花鸟、树木等水墨画，总面积约3平方米。

正殿面阔三间，进深四椽，单檐悬山顶，筒瓦屋面。四架梁绘有彩绘，脊部墨书“大明正德岁次癸酉季春”题记。殿内四壁绘有帝后、天龙八部和众鬼神组成的护法行列，壁画面积约63平方米。正殿大门西侧墙内镶碑刻1通，为明万历十一年（1583）知县刘审问草书“观留老草”。

安坚寺壁画从规模、制作工艺以及人物造型来看，堪称大同地区明代壁画之最，具有相当高的艺术价值。

安坚寺正殿

城新城隍庙

2021 年，被山西省人民政府公布为第六批省级文物保护单位。

据清乾隆《广灵县志》记载，城新城隍庙于明正德九年（1514）重修，清康熙年间重建。庙坐北朝南，二进院落布局，中轴线建有大殿、寝宫，西侧建有西朵殿、西配殿，占地面积 1520 平方米。现存建筑中，大殿为明代遗构，剩余为清代所建。

大殿面阔三间，进深七椽，为勾连搭式建筑，前檐柱头为三踩单昂斗栱，屋顶为后硬山前卷棚式。大殿前保存有清乾隆二十一年（1756）重修碑 1 通。寝宫面阔三间，进深四椽，硬山顶，正脊立面砖雕花卉图案。

城新城隍庙主体建筑在大木构架及墙体的形制特征、材料和工艺特点等方面保留了历史原状，其大殿、垛殿均为前卷棚后尖山的勾连搭形制，具有鲜明的地方特色。

位置　大同市广灵县壶泉镇城新村

时代　明代至清代

类型　古建筑

城新城隍庙正立面

西蕉山古建筑群

2016年，被山西省人民政府公布为第五批省级文物保护单位。

西蕉山古建筑群创建年代不详。占地面积约4万平方米。建筑群包括王贵宅院、王志友宅院、王永春宅院、三关庙、王树雨宅院、王福贵宅院、张正献宅院、王老五宅院、韩友成宅院、王善永宅院、王建寅宅院、薛宝权宅院、西蕉山关帝庙戏台、南蕉山龙王庙戏台及堡址等共15处。现存堡址为明建，其余均为清代建筑。

西蕉山堡址为明代修筑，平面呈矩形。北墙大部分尚存，外壁面斜直，高5.5米，长219米；西墙保存现状不佳，外壁风蚀较为严重，顶部坍塌明显，最高处8.3米，残长192米；南墙残毁，残长约62米；东墙大部分尚存，墙内外均为民居院落，墙体较薄。

西蕉山民居坐北朝南，二进或三进院落布局，传统式四合院。民居院落正房大都面阔三间或五间，进深四椽或五椽，单檐硬山或卷棚顶，基础以青石条砌筑，墙体用条砖垒砌，筒瓦屋面。

西蕉山古建筑群各院雕刻精美，多分布于门楣、雀替、柱础石、影壁、窗棂、隔扇等处，用材包括砖雕、石雕、木雕等。雕刻集人物、花卉、飞禽于一体，并缀以支纹、如意纹等，展示了当地民俗文化的深厚底蕴，是研究砖雕、石雕、木雕最宝贵的实物资料。

位置：大同市广灵县蕉山乡西蕉山村

时代：明代至清代

类型：古建筑

西蕉山古建筑群 2 号院巷景

翟疃三身寺

位置 大同市广灵县壶泉镇翟疃村

时代 清代

类型 古建筑

2016 年，被山西省人民政府公布为第五批省级文物保护单位。

翟疃三身寺始建年代不详。寺院坐北朝南，占地面积 1471 平方米，二进院落布局。中轴线上由南向北依次为山门、天王殿、正殿。天王殿东西两侧为掖门，东掖门前置关帝殿。正殿前为东、西配殿。现存建筑为清代遗构。寺院内另存石碑 1 通、蟠龙碑首 1 块、残损经幢 1 座。

天王殿（过殿）面阔三间，进深四椽，五檩无廊式，单檐硬山顶，筒瓦屋面。前后檐明间均施隔扇门，东、西两山墙悬鱼部位砖雕花卉吉祥图案。正殿面阔三间，进深五椽，六檩前出廊式，单檐硬山顶，筒瓦屋面。明间施六抹隔扇门四扇，次间施隔扇窗。

翟疃三身寺正殿、关帝殿均保留清代壁画，绘有三国演义故事等，人物栩栩如生，风格清淡雅致，线条流畅，色彩鲜艳。

翟疃三身寺的建筑和壁画不仅具有相当高的历史价值和艺术价值，也是研究清代社会生活、建筑风格、装饰艺术的实物资料。

翟疃三身寺正殿正立面

殷家庄古民居

位置 大同市广灵县蕉山乡殷家庄村

时代 清代

类型 古建筑

2016年，被山西省人民政府公布为第五批省级文物保护单位。

殷家庄古城门前石匾中部题“殷家庄”，右上角题“大明嘉靖癸卯年（1543）创建”，左上角题“大清咸丰甲寅年（1854）重修”，中间下部题“壬丙门”。

殷家庄古民居为马世路宅院，以二进院或并列东西跨院为主。院落均坐北朝南，有正房、厢房、过厅、南房，基本保持原貌。共有门楼7座、影壁3座、房屋26栋，占地面积4880平方米。现存建筑为清代遗构。

二号民居坐北朝南，原为三进院落布局，现中院坍塌。南北长45.4米，东西宽17.6米，占地面积约800平方米。大门宽2.55米，门内有抱鼓石一对。迎门影壁为仿木构砖雕，檐枋间镂空雕有花卉和动物图案。后院正房面阔三间，进深三椽，单檐卷棚顶。

三号民居坐北朝南，为东、西并列的二进院落布局。南北长43.6米，东西宽27.6米，占地面积约1204平方米。东西跨院又分前后院，均由正房、东西厢房、过厅、二门和南房组成。大门宽3.8米，进深5.1米。迎门影壁为仿木构砖雕。东跨院正房面阔三间，卷棚顶。西跨院一进院正房面阔三间，二进院正房面阔五间。

殷家庄古民居各院构思巧妙，布局严谨，建筑考究，规范

殷家庄古民居古城门

而有变化，体现了当地的独特风格。各院砖雕、石雕、木雕精美，多分布于门楣、雀替、柱础石、影壁、窗棂、隔扇。雕饰内容广泛，主题明确，或人物或花鸟或瑞兽，皆取材于历史和民间故事，寄寓五谷丰登、家业兴旺之意，充分展示了中华民族民俗文化的深厚底蕴，为研究晋北民居特点提供了难得的实物资料。

涧西古民居

位置 大同市广灵县壶泉镇涧西村

时代 清代

类型 古建筑

2021年，被山西省人民政府公布为第六批省级文物保护单位。

涧西古民居为村中富商王醒世及后人的宅院。古民居创建于清光绪年间，保存有较完整的古民居5处、房屋80多间、门楼5座、便门4座、影壁2座，占地面积4317平方米。现存建筑均为清代遗构。

一号院亦称“大西院”，坐北朝南，二进院落布局，占地面积1284平方米。前院正房面阔四间，进深四椽，卷棚顶，明间为过厅。后院正房面阔四间，进深四椽，卷棚顶。二号院亦称“隆义堂”，坐北朝南，一进院落布局，占地面积552平方米。三号院亦称“茂德堂”，坐北朝南，三进院落布局，占地面积1171平方米。四号院亦称“积善堂”，坐北朝南，二进院落布局，占地面积900平方米。五号院亦称“大东院”，坐北朝南，二进院落布局，占地面积924平方米。

涧西古民居建筑群是由王家几代人修造而成的群体民宅，是一处集群型、家族式的综合体建筑群落，其“一明两暗”“一堂二屋”的建筑平面形式，充分展现了自身的建筑特点。古民居中精美的砖雕、石雕、木雕，更彰显着建筑师们的精湛技艺。

涧西古民居二号院（隆义堂）大门

涧西古民居三号院（茂德堂）全景

曲回寺石像冢

位置　大同市灵丘县独峪乡曲回寺村、河浙村及其四周

时代　唐代

类型　古文化遗址

2001 年，被国务院公布为第五批全国重点文物保护单位。

曲回寺石像冢又名“曲回寺石像冢遗址”，以曲回寺寺院为中心，是一处性质单纯的石雕文物群，始建于唐天宝十载（751），现保存较好的有 43 座，分布面积约 27 平方千米。

单座石像冢外形呈土石墓状，占地约 20 平方米，冢高 3—4 米。冢穴内石佛像按一至二层封藏，多则 50 尊，少则 30 尊。佛像大小不等，大的约 1.4 米，小的不足 0.3 米。佛像用花岗石雕刻而成，有佛、菩萨、罗汉和供养人等。雕造手法有圆雕、半圆雕、浮雕，全部为唐代风格，保存完好。

曲回寺石像冢是佛教史上的空前发现，其独特的形式为我国历史文化遗产宝库增添了新的内容。同时，作为唐代造像群，曲回寺石像冢对研究我国的佛教史、美学史、雕塑史都具有重要的意义。

曲回寺石像冢远景

曲回寺石佛冢浮雕佛造像

觉山寺塔

位置　大同市灵丘县红石塄乡觉山村

时代　辽代

类型　古建筑

2001年，被国务院公布为第五批全国重点文物保护单位。

觉山寺又名“普照寺”。据清《灵丘县志》及碑刻载，北魏太和七年（483）创建并赐额“觉山寺”，辽大安五年（1089）重建，明崇祯三年（1630），清康熙二十七年（1688）、光绪十五年（1889）屡次重修、重建。

寺院依山而建，坐北朝南，占地面积约6032平方米。寺东为僧居区，有文昌宫上、下院。西侧为佛殿区，南北三进院，东西五院相连，可分作东、中、西三条主轴线。中轴线自南至北依次建山门、天王殿、韦陀殿、大雄宝殿，两侧有钟楼、鼓楼、伽蓝殿、祖师殿；东轴线建魁星阁、碑亭、金刚殿、弥勒殿；西轴线建文昌阁、舍利塔、罗汉殿、贵真殿等。现存建筑中唯舍利塔（觉山寺塔）为辽代遗构，余皆为清代建筑。

觉山寺塔位于觉山寺西轴线南部，坐北朝南，为辽道宗对觉山寺颁帑敕修期间建立。觉山寺塔为辽代八角形十三级密檐式砖塔，通高45.64米。塔体自下而上包含塔台、基座、一层塔身、密檐、塔刹五个部分。塔台分上、下两层，上层为八边形小塔台，下层为四边形大塔台。基座包含须弥座、平座勾栏、莲台，是砖雕最集中的地方。一层塔身在正南、正北面辟木质真门，可进入心室；正东、正西面设假门，门洞皆起券，四隅面设破子棂假窗。转角处置圆形倚柱，倚柱间下设地栿，上设阑额、普拍枋。心室中央砌筑心柱，形成八角环形空

觉山寺航拍图

间，壁面满绘壁画。密檐部分内部为空筒，外设十三层塔檐，逐层收分，檐下施铺作、椽飞挑檐。塔刹下部为砖砌莲台形刹座，上部为穿套在刹杆的铁件覆钵、大宝盖、相轮、火焰宝珠、固定塔链小圆盘、小宝盖、仰月、宝珠，各塔刹件间间隔套筒。

觉山寺存辽、清两代壁画 300 余平方米，清塑像 10 尊。清代壁画内容为佛本生故事、本行经变及依据《观药王药上二菩萨经》《大宝积经》绘制的八十八佛。碑亭现存“皇帝南巡之颂”碑。

觉山寺塔具有上承北魏、沿袭唐风、与宋交融、下启金元的建筑特点，是山西辽代密檐塔的典型代表，是研究密檐塔发展的重要实例。

觉山寺塔

灵丘故城遗址

位置 大同市灵丘县落水河乡新庄村

时代 汉代

类型 古文化遗址

2021年，被山西省人民政府公布为第六批省级文物保护单位。

灵丘故城俗称“昭格城”“赵国城”。始建年代不详，现存城墙为汉代遗构，唐开元年间被河水淹后废弃。遗址平面呈不规则方形，南北长约1100米，东西宽约1000米，分布面积约110万平方米。

古城遗址现存墙基宽8—10米，顶宽5—6米，残高2—5米，夯土层厚0.15—0.18米。北侧和东侧墙体保存相对较好，西侧仅残存部分遗迹。

城内有当地群众流传的“东城”“西城”“南城”“北城”“南城门”“北城门”等称呼，还有“王权地”“棋盘地”等地名，可能是宫殿区或生活区。目前出土的器物有绳纹陶片、铜锤、铜镜等。

灵丘故城遗址是赵文化及灵丘古文化，特别是先秦文化的重要见证，因战国时期推行“胡服骑射”的赵武灵王归葬于此而得名。在灵丘县境内还有其他古城池遗址，如后北城遗址、东北城址等。这些古城池周围的蒲阴陉、飞狐陉等古道是古代重要的军事关隘和交通要道。

灵丘故城遗址远景

枪头岭冶银遗址

位置：大同市灵丘县柳科乡刁泉村

时代：明代

类型：古文化遗址

2016年，被山西省人民政府公布为第五批省级文物保护单位。

枪头岭冶银遗址东侧为东坡尖山，依山势堆积有冶炼银后留下的废渣，最厚处达10米。遗址南北长约500米，东西宽约60米，分布面积约3万平方米。

遗址上散布有圆柱体残骸，最厚处可达10米左右。据村中《义勇庙碑》记载，明代时这里就有冶炼的矿场。由此可知，最晚在明代，这里就是土法炼银之地。现废弃的矿渣、碾矿石的石磨盘、石碌碡分布于山脚下、村庄内外。矿渣装于高岭土制作的圆柱筒中，筒直径5.5—6.5厘米、长30—40厘米。石碌碡有10余个，置于村民的围墙下，直径0.5米左右，长度亦在0.5和0.6米之间，青石制。石磨盘存2个，直径1.8米左右。

枪头岭冶银遗址分布范围广、规模大、延续时间长，对研究银器冶炼史具有重要参考价值。

枪头岭冶银遗址近景

枪头岭冶银遗址出土遗物

赵武灵王墓

位置 大同市灵丘县武灵镇城道坡村

时代 战国

类型 古墓葬

1965年，被山西省人民委员会公布为第一批省级文物保护单位。

赵武灵王墓为战国时期赵国第六代国君赵武灵王赵雍之墓。原占地6万平方米，现保护面积1.09万平方米，墓冢周长220米，高10米。

赵武灵王墓墓冢封土平面呈圆形，底径约73米，残高约6米，用黄褐色土夯筑而成，夯层厚0.15—0.2米。墓室结构不详。明崇祯年间，在墓南立石碑1通，并建有碑楼，高4米。1928年对其进行了修葺，树碑1通，筑长246.67米的神道。1984年，四周筑围墙加以保护。墓园遍植树木，坟丘被绿草覆盖。

赵武灵王是中国历史上著名的政治家和军事家，他推行的“胡服骑射”在中国古代战争史上具有划时代的意义。赵武灵王墓作为赵武灵王的安息之地，承载着战国时期重要的历史信息和文化记忆，是研究当时社会变革、军事战略和政治格局的实物证据。

赵武灵王墓墓冢

赵武灵王墓武陵门

栗毓美墓

位置 大同市浑源县永安镇恒麓社区

时代 清代

类型 古墓葬

2006年，被国务院公布为第六批全国重点文物保护单位。

栗毓美墓建于清道光年间。坐北朝南，整个陵园呈品字形，由陵前建筑、前院、后园、护院四部分组成，总面积11974平方米，为清朝东河总督栗毓美的墓葬。

栗毓美墓中轴线上的主体建筑由南向北依次为山门（南启门）、泮池（延泽桥）、石牌坊（牌楼）、仪门（过厅）、永怀亭（祭祀亭）、墓冢。以仪门为界，南部为前院，北部为后园。建筑肃穆壮观，布局严谨对称。建筑主要集中在前院，轴线两侧分别置华表（墓表）、配房、碑亭和南启门外的碑楼（现已毁）。后园正中铺甬道，甬道两边对称设置汉白玉石像，甬道北端是永怀亭遗址，再往北是墓冢。陵区西南角原有守陵小院一处，与前院相通，院内建有东、西、北房各五间，现仅存遗址。永怀亭北面约20米处，就是巨大的墓冢。封土为圆形，直径10.6米，高6.8米，周以汉白玉束腰须弥座及栏板、望柱围砌。墓志铭为时任两广总督的林则徐撰写，对栗毓美的生平事迹详加介绍，寄托了对栗公的无限哀思。

栗毓美墓是一处特殊的坟茔，其规制远超清代总督，达到了王爷、亲王的标准。尤其是顶部有云翅状的精美汉白玉华表柱，通常只有皇宫、皇陵建筑群前才可用，足见栗毓美的身份和社会地位。

栗毓美墓石牌坊

栗毓美墓墓冢

栗毓美墓石像生

浑源圆觉寺塔

位置：大同市浑源县永安镇永安社区

时代：金代

类型：古建筑

2013年，被国务院公布为第七批全国重点文物保护单位。

浑源圆觉寺俗称“小寺”。据清顺治《浑源州志》记载，寺创建于金代，明、清两代均有修缮。1988年，县政府对山门、释迦舍利塔和正殿进行了维修。浑源圆觉寺原是以塔为中心的一组完整的古建筑，现仅存塔。

浑源圆觉寺塔，亦称“释迦塔”，位于圆觉寺内中轴线上的中心点处，为八边形九级密檐砖塔，仿木结构，通高30余米。塔由塔基、塔身、塔刹三部分组成。塔基为八边形，双层束腰须弥座。上层束腰壸门内雕乐伎、戏俑、力士和动植物图案，基座檐下施斗栱，转角柱雕金刚、力士承托，其上为平座，完全仿木构建筑雕刻，斗栱五铺作双杪，重栱计心造，南北两面置拱券门，余辟直棂窗。平座以上各级为密檐叠涩。塔身四周共镶嵌12块经文碑碣，落款为“金大定十七年六月维那史德妻李氏……”。塔体内部辟八边形塔心室，壁上为仿木构斗栱并承圆形天花藻井，藻井上绘制佛像。塔内壁绘有佛教人物壁画，斗栱及普拍枋上遍绘花卉纹饰，样式古朴，画面精美。塔刹由圆形刹座、伞盖、宝珠、凤鸟和刹杆组成。

浑源圆觉寺塔造型古朴，砖雕、彩画精美，砖仿木构作法逼真，保存了大量的金代砖雕佛像和佛教人物壁画，具有重要的历史和艺术价值。

浑源圆觉寺塔

浑源圆觉寺塔藻井

荆庄大云寺大雄宝殿

大同市浑源县东坊城乡荆庄村

金代

古建筑

2001 年，被国务院公布为第五批全国重点文物保护单位。

荆庄大云寺原名“大云禅寺”。据《浑源县志》记载，寺院创建于金大定元年（1161）。元、明、清历代均有修葺。寺坐北朝南，占地面积 1593 平方米。现仅存大雄宝殿一座。

大雄宝殿面阔三间，进深四椽，彻上露明造，四椽栿通达前后檐。屋架举折平缓，外檐斗栱四铺作单杪，单栱计心造，转角出 45° 斜栱，单檐歇山顶。殿内运用减柱造，减去金柱两根，大内额横跨两间。殿内四壁绘有壁画，面积约 70 平方米，绘制技法为工笔重彩、沥粉贴金，内容为说法图。寺院北侧现存清代重修碑 2 通。

荆庄大云寺大雄宝殿结构古朴，用材规范，主体构架为金代风格。殿内壁画、彩画当属明代绘制，是研究辽金建筑和明代彩画不可多得的实物资料。

荆庄大云寺大雄宝殿

荆庄大云寺大雄宝殿隔扇门

律吕神祠

大同市浑源县永安镇神溪村

元代至清代

古建筑

2013年，被国务院公布为第七批全国重点文物保护单位。

据史料记载，律吕神祠始建于北魏时期，后代多次维修。祠坐北朝南，占地面积1140平方米。现存有大殿、山门、五龙影壁及钟鼓楼。大殿为元代遗构，其余为明、清建筑。

大殿面阔三间，进深六椽，单檐歇山顶，筒板瓦屋面。平面近正方形。大殿前后通檐用两柱，六椽栿与四椽栿之间节点用驼峰、襻间斗栱连接，之上承托下平槫。四椽栿上施平梁，平梁上有合楷、蜀柱、叉手、上平槫。大殿内四周墙壁均绘壁画，面积约65平方米，内容为龙王出巡图，笔工精细，逼真动人，共画有各种人像139个，再现了龙宫、值年月日宫曹、水晶宫、元代的耕种文化及民俗风情等内容。山门为砖砌拱券式门洞，上檐用砖雕出斗栱及垂花柱。钟、鼓楼均为单檐歇山顶，灰筒板瓦屋面。

律吕神祠建筑格局完整，大殿基本保存元代建筑的特征，特别是殿内的壁画尤为珍贵，是研究浑源地区元代建筑及元明时期建筑发展变革的重要实物遗存，具有极高的历史和社会价值。

律吕神祠航拍图

律吕神祠大殿正立面

律吕神祠大殿壁画

浑源永安寺

位置　大同市浑源县永安镇永安社区

时代　元代

类型　古建筑

2001 年，被国务院公布为第五批全国重点文物保护单位。

浑源永安寺俗称“大寺”。据《大永安禅寺铭》记载，永安寺始建于金代，后经火焚，元代重建，延祐二年（1315）建传法正宗殿，明、清均有修建。

寺坐北朝南，平面呈长方形，中轴线上由南向北依次建有山门、天王殿、传法正宗殿、铁佛殿（已毁），东西两侧建垛殿、配殿。其中，传法正宗殿为元代遗构，其余均为明、清建筑。

传法正宗殿位于永安寺建筑中轴线上，殿前设计为宽大月台，是寺内的主要建筑。大殿面阔五间，进深六椽，单檐庑殿顶，黄、绿、蓝琉璃瓦屋顶，正脊中心施宝刹。梁架为四椽栿对后乳栿通檐用三柱，明间设小木作天宫楼阁和藻井。殿内支柱沿袭金代减柱法，最大限度扩展了空间。檐下周施斗栱，五铺作单杪单下昂，重栱计心造，转角出 45° 斜栱。前檐明、次间装隔扇门，梢间墙面书“庄严”二字。殿内四壁布满元代巨幅工笔重彩壁画，面积约 190 平方米。北壁绘十大金刚像，东、南、西壁绘水陆法会图，场面盛大，手法细腻，是壁画中的上乘之作。

浑源永安寺布局规整，殿宇雄伟，是山西境内规模较大、保存较为完整的一组古建筑群，寺内近 190 平方米的精美元代壁画可与芮城永乐宫壁画相媲美，具有很高的历史和艺术价值。

浑源永安寺山门

浑源永安寺传法正宗殿

悬空寺

位置　大同市浑源县永安镇唐庄子村南

时代　明代

类型　古建筑

1982年，被国务院公布为第二批全国重点文物保护单位。

悬空寺为“恒山十八景”之一。始建于北魏太和十五年（491），唐、金、元历代多有修葺。明万历三十二年（1604）重修山门，清同治三年（1864）重修悬空寺。

悬空寺建筑面对恒山主峰，背依翠屏山，上载危岩，下临深谷，楼阁悬空，结构奇巧。全寺现存有山门、伽蓝殿、送子观音殿、鼓楼、佛堂、地藏殿、千手观音殿、大雄宝殿、钟楼、雷音殿、三官殿、纯阳宫、三圣殿、三教殿、五佛殿等大小殿阁四十余间。建筑大多为明、清遗构。

悬空寺内供有各种铜铸、铁铸、泥塑、木雕、石刻佛像80余尊，其中大雄宝殿的脱纱三世佛像、明代铁铸弥勒佛像，三圣殿的阿难与迦叶佛像，三官殿的三官塑像和栈道石窟内的石刻佛像均有极高的艺术价值。全寺建筑为楼阁式，建于悬崖峭壁间，充分利用力学原理，半插飞梁、巧借岩力，构造合理，别具匠心，为我国悬空建筑中的精品。

悬空寺远景

悬空寺近景

悬空寺塑像

浑源文庙

位置 大同市浑源县永安镇永安社区

时代 明代至清代

类型 古建筑

2013年，被国务院公布为第七批全国重点文物保护单位。

据清乾隆《浑源州志》记载，浑源文庙始建于辽，现存建筑为明、清遗构。文庙坐北朝南，占地面积1.7万平方米。中轴线自南至北依次为大成坊、泮池泮桥、戟门、大成殿、明伦堂、敬一亭、尊经阁、崇圣祠，两侧有东、西廊庑等。

大成殿为明代建筑，面阔五间，单檐庑殿顶。檐下施三踩单昂斗栱。后檐砖墙刻有忠、孝、节、义四个大字。殿前设月台，托起大殿。月台下有二龙戏珠御路。

东、西配殿为清代建筑，面阔七间，进深四椽，单檐硬山顶。尊经阁为清代砖木结构无梁殿，高二层，下层为砖券窑洞三孔，檐部仿木构砖雕额枋、垂莲柱、椽飞、椽檐枋，斗栱三踩单翘；上层为木构建筑，面阔三间，进深四椽，单檐硬山顶，墀头砖雕吉祥图案。尊经阁东侧现存清乾隆年间礼部颁文卧碑1通。

浑源文庙布局完整，规模宏大。大成殿保留有金元时期建筑的遗风，具有较高的价值。

浑源文庙大成殿正立面

浑源文庙大成殿内檐斗栱壁画

李峪遗址

位置 大同市浑源县东坊城乡李峪村

时代 东周

类型 古文化遗址

2021年，被山西省人民政府公布为第六批省级文物保护单位。

李峪遗址南北长200米，东西宽150米，分布面积约3万平方米，为一处东周时期聚落遗址。断崖上暴露有文化层，文化层厚0.5—1米。在地表和断崖上采集有战国时代的夹砂灰陶绳纹陶罐、泥质灰陶绳纹罐、素面陶豆等残片。

1923年，该地点出土60多件铜器，一出土便引起了世人的瞩目。但随着时光的流逝，这批瑰丽的青铜器大部分流散于海外，国内仅存少数，现藏于上海博物馆，其中铜牛牺尊已成为上博的馆藏重器。1975年和1976年先后两次出土鼎、鬲、豆、戈、剑等青铜器20多件。1978年，山西省考古研究所再次对该墓地进行发掘，先后发现和清理了三座东周时期墓葬，出土青铜器有鼎、盖豆、鬲、匜、簋、壶、盘各1件，铜戈、剑各2件，补充了一些青铜器资料，表明李峪遗址的时代为春秋中、晚期到战国晚期。

李峪遗址出土的数批青铜器，制作精美、造型独特、纹饰华丽，是晋北地区发现的为数不多的青铜器实物资料，向我们展示了2500多年前该地区灿烂的青铜文明。

李峪遗址全景

古磁窑窑址

位置 大同市浑源县青磁窑镇古磁窑村

时代 唐代、五代、宋代、辽代、金代

类型 古文化遗址

1986 年，被山西省人民政府公布为第二批省级文物保护单位。

古磁窑遗址现存面积约 0.6 万平方米。遗址堆积厚约 1—3 米。散布在地面的残瓷片随处可见，烧造时期为中晚唐至金元。器形有碗、钵、瓶、罐、注子等。釉色有白、黑、青三种。唐代以后，烧造规模小，品种单一，以白瓷为主，主要器形有碗、盘。装饰以黑画花为主。一般器物无花纹，也有个别的黑彩绘画、刻花、剔花等。器物全部为支柱垫烧。

古磁窑窑址为研究唐、五代、宋、辽、金时期瓷器提供了珍贵资料，有较高的美学价值和历史文化价值。

古磁窑窑址近景

界庄窑址

位置 大同市浑源县青磁窑镇界庄村

时代 唐代、金代、元代

类型 古文化遗址

1986 年，被山西省人民政府公布为第二批省级文物保护单位。

界庄窑址分布范围长 150 米，宽 100 米。界庄窑址烧造的器物有青瓷、白瓷、黑瓷、三彩器和绞胎器等多种类型。器物底和足都很低矮，足底外侧多数斜削。碗类中的大部分器物在足心施釉，胎体厚重。青釉器物釉层匀净，有外青内白和内外皆施青釉两种。白瓷器物在烧造技术上已较为成熟，虽然多数白瓷器的胎质白中泛灰或泛黄，但也有部分细胎白瓷。黑瓷器数量略多，有的器物胎体内的铁元素在高温下与釉面相融，致使黑釉多泛酱紫色。遗址中的素烧器物占有一定比例，可能为三彩器的素烧坯。绞胎素烧器也有发现，推测绞胎器物也必须经过素烧和釉烧两次入窑方可烧成。

界庄窑址

麻庄汉墓群

位置 大同市浑源县下韩村乡麻庄村西北

时代 汉代

类型 古墓葬

1965年，被山西省人民委员会公布为第一批省级文物保护单位。

麻庄汉墓群面积约6万平方米。地表现存圆形封土14座，底径3—24米，残高2—5米。

1973年发掘清理了两座汉墓，其形制均为带斜坡墓道的长方形土坑竖穴木椁墓。其中一座有两具漆棺，木椁周围填有沙子和卵石，出土的器物有铜钉、铜熏炉、铜博山炉、石砚等，推测此墓应是官吏夫妇合葬墓。另一座有漆棺一具，墓主为男性，出土的随葬物品有素面铜釜、洗、筒形器、熏炉、刷把、碎铁片等，推测死者身份可能为武职官吏。

西汉时期，麻庄汉墓群所在地为雁门郡崞县境，是汉民族与少数民族频繁接触的地区之一，对研究民族交流、展现民族间交往情况具有重要意义。

麻庄汉墓群远景

麻庄汉墓群封土

西留龙王庙戏台

位置：大同市浑源县西留村乡西留村

时代：明代

类型：古建筑

2021 年，被山西省人民政府公布为第六批省级文物保护单位。

西留龙王庙戏台创建年代不详，现存建筑为明代遗构。戏台坐南朝北，占地面积约 93 平方米。

戏台建在条石砌筑的台基上，中间设隔断，前为戏台，后为妆楼，勾连搭式架构。面阔三间，进深六椽，后硬山前卷棚顶，前出抱厦。柱间以雀替装饰，额枋间木雕异形栱。东、西两侧台口均设石雕栏板，雕刻有花鸟、动物、螭龙等吉祥图案。戏台现存清道光三十年（1850）重修龙神庙残碑 1 通。

西留龙王庙戏台是浑源县保存较好的一座明代戏台，具有鲜明的地方特色，为研究浑源县的明代建筑提供了实物资料。

西留龙王庙戏台正立面

西留龙王庙戏台侧立面

恒山建筑群

位置 大同市浑源县青磁窑镇停旨岭村

时代 明代至清代

类型 古建筑

1986年，被山西省人民政府公布为第二批省级文物保护单位。

据清乾隆《恒山志》《浑源州志》记载，恒山建筑群始建于北魏，明代进行大规模修建，清代屡有修葺。现存主要建筑有恒宗殿、寝宫、梳妆楼、会仙府、十王庙、纯阳宫、九天宫、关帝庙、羽化堂、真武庙、白龙王庙、苦甜井、塔林、魁星楼、接官亭等20余处。占地面积约126万平方米。

恒宗殿为恒山主庙，俗称“朝殿”，建于明弘治年间，是恒山庙中最为宏伟的一座建筑。恒宗殿坐北朝南，面阔五间，进深六椽，七檩前廊式构架，单檐歇山顶，黄琉璃瓦盖顶，斗栱五踩双下昂。殿内现存明代北岳大帝金身塑像，清康熙“化垂悠久”御匾，明、清重修碑，御祭文碑等。

纯阳宫位于恒宗殿西侧，西邻九天宫。坐北朝南，占地面积306平方米。创建年代不详，现存正殿、东西厢房均为清代建筑。正殿面阔三间，进深四椽，五檩前廊式，单檐歇山顶。东厢房面阔四间，单檐硬山顶。西厢房面阔两间，单檐硬山顶。

恒山建筑群建筑规模宏大，文化底蕴深厚，历来是我国道教圣地，号称“第五洞天”。建筑群内现存明、清塑像60余尊，碑碣79通，摩崖题刻200余处，为我们研究古代宗教建筑群提供了实例。

恒山建筑群远景

恒山建筑群近景

永兴北岳行宫

位置 大同市浑源县永安镇永兴社区

时代 清代

类型 古建筑

2016年，被山西省人民政府公布为第五批省级文物保护单位。

永兴北岳行宫又称“南宫”“恒岳庙”。据碑刻记载，创建于北魏延兴元年（471）。唐贞观十九年（645），唐太宗李世民派大将尉迟敬德进行扩建，并封该宫为“太贞宫”。

行宫坐北朝南，原为三进院落布局，现为二进院落，中轴线上自南向北依次为天王殿、太贞宫、九天宫。天王殿前东南角为前殿，一进院与二进院分别设西配殿和东西厢房。现存建筑为清代遗构。

天王殿面阔三间，进深五椽，六檩前出廊式，单檐硬山顶，筒瓦屋面。前后檐明间均施六抹隔扇门六扇，两次间施窗。太贞宫面阔三间，进深四椽，单檐硬山顶。前出抱厦面阔三间，进深三椽，卷棚顶。整体为一殿一卷式勾连搭建筑。宫内现存清代石碑2通。

永兴北岳行宫是一处保存相对完整的清代寺观，在一定程度上反映出当地宗教思想发展和宗教文化传承的历史脉络。同时，也为研究清代寺观布局提供了有益借鉴。

永兴北岳行宫太贞宫正立面

永兴北岳行宫天王殿正立面

麻家大院

位置：大同市浑源县永安镇永安社区

时代：清代

类型：古建筑

2016年，被山西省人民政府公布为第五批省级文物保护单位。

麻家大院为清末举人麻席珍的住宅，始建于清代。大院坐北朝南，平面呈长方形，占地面积约3411平方米，三进院带东西跨院布局。正院中轴线上建有大门、过厅、正房、阁楼，东西两侧建有厢房。西跨院现存两进院，轴线上建有大门、二门、过厅、垂花门、正房，东西两侧建厢房。东跨院现存后院。

正院大门面阔五间，进深五椽，单檐硬山顶。二进院正房面阔五间，进深五椽，六檩前出廊式，单檐硬山顶。前檐明间、次间、梢间均设隔扇门窗。三进院正房为重檐阁楼式建筑，面阔五间，墙柜内设置楼梯通往二层。

麻家大院是保存较完整的一处民居大院，院内木雕荷花墩和墀头砖雕技艺精湛，堪称艺术精品，为研究浑源县的传统民居建筑提供了实物资料。

麻家大院阁楼建筑

古城墓群

左云县

位置　大同市左云县三屯乡后八里村和张家场乡旧高山村、双官屯村等处

时代　汉代

类型　古墓葬

1986 年，被山西省人民政府公布为第二批省级文物保护单位。

古城墓群距汉代武州古城（王莽时为恒州）只有 1 千米，可能为当时的官吏墓群。古城墓区范围内包括六处汉墓群。一为古城墓，现存地面无封土。二为后八里汉墓群，现存地面无封土。三为双官屯汉墓群，现存地面封土堆三个。四为云西堡汉墓，现存地面无封土。五为旧高山汉墓，现存地面封土堆一个。六为乔家窑汉墓群，现存地面封土堆三个。六处汉墓群之间分散有许多汉墓，但地面封土堆很少。

兴修水利工程时，曾在此发现一座汉代砖室墓，该墓中出土了两件灰色陶罐，素面，高约 17 厘米。另外，在古城村范围内也发现有许多汉代的陶片、砖及一些生活用具和建筑材料等。

古城墓群是汉代社会历史的一个缩影，是研究汉代社会生活及汉代文化的重要资料。

古城墓群远景

古城墓群近景

朔州市

山西文物要览

❶ 朔城区

❷ 平鲁区

❸ 山阴县

❹ 应县

❺ 右玉县

❻ 怀仁市

峙峪遗址

位置：朔州市朔城区黑驼山东麓

时代：旧石器时代

类型：古文化遗址

2019年，被国务院公布为第八批全国重点文物保护单位。

峙峪遗址东西长50米，南北宽30米。距今4.5万年。

峙峪遗址文化遗物包括石制品、骨器和装饰品。出土石器有尖状器、雕刻器、刮削器、石镞等两万余件。制造石器的原料有脉石英岩、硅质灰岩、燧石、火成岩等。石器主要为小型石器，大型石器极少，砍砸工具罕见。此外，发现了细致打击成的骨尖状器，其他一些打制痕迹清楚的骨片可作为某种工具使用。还发现了1件可以反映磨制钻孔技术的扁圆形石墨装饰品。与灰烬、石器、烧骨共存的动物化石，大多为单个的动物牙齿，总数达5000余颗，还有大量被人工击碎的兽骨片。哺乳动物化石中最多的是野马，至少代表120个个体，野驴次之，有88个个体，显然这两种草原动物是当时人们猎取的主要对象。这些出土遗物告诉人们：当峙峪人在这里生活时，山上森林茂密，丘陵灌木蓊郁，平川草肥景胜，河里鱼游水涟。当时生活在峙峪一带的动物还有羚羊、野猪、鹿、鸵鸟等。

峙峪遗址的发现为中国考古事业提供了宝贵的科学资料，为研究亚洲旧石器时代的发展提供了重要线索。这说明，在“许家窑人”后，人类在桑干河流域日益发展和昌盛。

2017 年峙峪遗址发掘现场

峙峪遗址保存现状

峙峪遗址局部

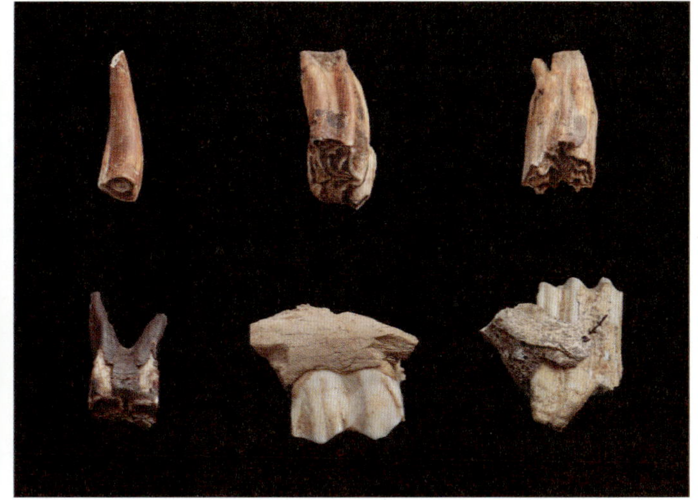

峙峪遗址动物牙齿化石

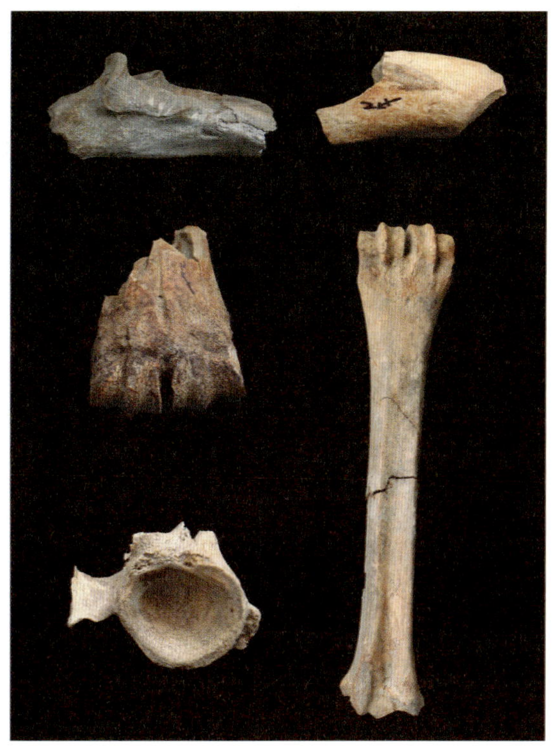

峙峪遗址动物肢骨化石

崇福寺

位置　朔州市朔城区城内东大街

时代　金代

类型　古建筑

1988年，被国务院公布为第三批全国重点文物保护单位。

据文献记载，崇福寺创建于唐高宗麟德二年（665）。辽代崇福寺一度被用作林牙太师府，又有“林衙寺”“林衙院”之称。金代扩建，金皇统年间开国侯翟昭度奉敕建弥陀大殿；金天德二年（1150）赐额“崇福禅寺”。元代，朝廷颁大藏尊经纳于崇福寺藏经阁，修建崇福寺。元末明初，崇福寺被当作粮仓。明洪武十六年（1383）将粮储撤出，地方官监修重造。据寺内题记、碑刻可知，明、清时期多次重修崇福寺。

寺坐北朝南，五进院落，现存文物建筑10座。中轴线上自南向北依次建有山门、金刚殿、千佛阁、大雄殿、弥陀殿、观音殿，东西两侧分列钟楼、鼓楼、文殊堂及地藏堂。其中，弥陀殿、观音殿为金代建筑，大雄殿、千佛阁、钟楼、鼓楼、文殊堂及地藏堂为明代建筑，山门、金刚殿为清代建筑。寺内存碑35通、古树7棵。

弥陀殿是崇福寺的主殿。台基砖砌，高2.53米。殿身面阔七间，进深八椽，单檐歇山顶。平面布局略如金厢斗底槽，前槽内柱施减柱、移柱造。前槽内柱上置内额和大额枋两道，两层之间设驼峰及形似托脚的斜材。殿内彻上明造。梁架分内槽、外槽两部分，内槽在柱头枋之上架四椽栿，外槽四面皆设乳栿和丁栿内外交构，转角处施大角梁和仔角梁。柱头枋、襻间枋上用影栱，各层间置散斗。外檐柱头铺作为七铺作双杪双

崇福寺鸟瞰

崇福寺弥陀殿正立面

崇福寺弥陀殿壁画

下昂，各间施补间铺作一朵，柱头铺作与补间铺作相异。其中，前檐柱头铺作、后檐明间和梢间的补间铺作、转角铺作施斜栱。殿内设宽大佛台，奉弥陀佛和观世音、大势至二菩萨，主像两侧塑胁侍菩萨 4 尊，前隅塑金刚 2 尊。殿内四壁绘壁画，内容以说法图为主。弥陀殿前檐五间设隔扇门，隔扇及横披上的棂花图案式样达 15 种，精巧华丽，是我国现存宋辽金建筑中隔扇最精致者。前檐正中悬金大定二十四年（1184）“弥陀殿”匾额 1 方。

观音殿殿身坐于双层台基之上，与弥陀殿台基相连。面阔五间，进深六椽，单檐歇山顶。柱网结构为身内单槽，殿内施减柱造，无前槽内柱。梁架结构为四椽栿对后乳栿用三柱。使用了特殊的双重人字叉手结构，平梁上蜀柱两侧设叉手，前檐上平槫下方蜀柱两侧亦设人字叉手。檐下斗栱为六铺作双杪单下昂。

崇福寺规模宏敞，寺院格局完整。弥陀殿是我国现存金代建筑的典范，其梁架、斗栱、壁画、塑像、牌匾、隔扇、琉璃脊饰等皆为金代原作，十分珍贵。

马邑墓群

位置：朔州市朔城区城关至神头电厂附近

时代：战国到明清

类型：古墓葬

1986年，被山西省人民政府公布为第二批省级文物保护单位。

马邑墓群包括照什八庄、曹沙会、司马泊、木寨、南邢家河、仓房坪、南榆林等墓群在内。现有完整的大型封土堆150处，呈圆锥体和覆斗形两种。封土残高2—8米，底边周长20—200米。1983—1993年，为配合平朔露天煤矿生活区的建设，在朔城区东北5千米处发掘汉墓1200余座。

墓葬形制有长方形土坑竖穴墓、单墓道或双墓道竖穴木椁墓、洞室木椁墓、小土洞墓、单室砖墓及多室砖墓等。出土器物20000余件，大部分为陶器，有壶、罐、灶、鼎、盒等。铜器有礼器、食器、酒器、兵器、印章、铜镜等，其中雁鱼灯为珍品。在这批汉墓中，还发现有匈奴、鲜卑墓葬，出土了具有古代少数民族特色的文物近百件。

马邑墓群见证了朔州地区从战国至明清的历史变迁，为研究该地区的历史发展提供了宝贵的实物资料。马邑墓群墓葬形制多样，为研究古代墓葬制度和建筑艺术提供了重要的实物资料。

马邑墓群局部

马邑墓群照什八庄墓群 M1 近景

马邑墓群曹沙会墓群 M1 近景

梵王寺墓群

位置：朔州市朔城区窑子头乡梵王寺村

时代：战国、汉代、北朝

类型：古墓葬

1986 年，被山西省人民政府公布为第二批省级文物保护单位。

20 世纪 70 年代以前，西起照壁山之巅，东到恢河西岸，战国至北朝时期的墓葬封土星罗棋布。后因村民整地平田，原有封土大部被铲平，成为良田。村民们在耕田时曾发现过战国铜剑、汉代陶器等。1985 年清理了村南山坡上的一座北朝砖室墓，该墓葬形制为方形，墓顶为穹隆顶，墓砖上雕有花纹图案，随葬品已被盗。

梵王寺墓群现存明显封土 21 处，分布于梵王寺、水泉梁、趄坡、梨元头四村之间，封土均呈圆锥体，残高 2—7 米，底边周长 20—100 米。

梵王寺墓群分布着战国、汉、北朝时期的墓葬，为研究不同历史时期的社会、经济、文化及丧葬制度等提供了宝贵的实物资料。墓群中的随葬品，如战国铜剑、汉代陶器等，反映了当时社会的生产水平、生活习俗和审美观念。由于朔州地区历史上是中原与北方少数民族交往的重要地带，墓群中出土的文物可能是多民族文化交流与碰撞的结果，对研究古代民族文化交流史具有重要意义。

梵王寺墓群现存部分封土堆

朔州城墙

位置：朔州市朔城区旧城外围地段

时代：北齐、明代

类型：古建筑

1996年，被山西省人民政府公布为第三批省级文物保护单位。

据清《朔州志》载，秦始皇三十二年（前215），大将蒙恬率军北击匈奴，在此筑城养马，故名“马邑”，汉置马邑县。据清光绪《山西通志》载，北齐天保八年（557）“复徙治马邑，为北朔州”。朔州城墙是北齐天保八年（557）在秦马邑城的基础上构筑而成的。20世纪80年代后，北齐城墙地上部分仅存北城墙中段和西南角部分段落。明代城墙地上部分保存较好，包括城墙、南门1座、瓮城1座、角台4座、马面8座等。

城址近方形，南北长1800余米，东西宽1600余米，占地面积约300万平方米。明代城墙南北长998米，东西宽932米，周长3860米，占地面积90万平方米。现存城墙上宽2—6米，下宽20—38米，残高1—8米。墙体夯筑，夯层厚0.07—0.12米。

朔州城墙是我国现存时代较早的城墙遗址之一，十分珍贵。朔州城墙由北齐城墙和明代城墙组成，形成古今重叠型城市，对于研究朔州城历代城市格局与演变，尤其是北齐、明代城市规划理念及筑城技术，具有重要价值。

朔州城墙东南角鸟瞰

朔州城墙西南角

吉庄三大王庙

2021年，被山西省人民政府公布为第六批省级文物保护单位。

据碑文记载，吉庄三大王庙创建于辽应历五年（955），金天会年间及清代均有重修。庙坐北朝南，一进院落布局，占地面积1188平方米，由正殿、东西耳殿、东西配殿、乐楼、钟楼、山门等组成，均为清代建筑。

正殿砖砌台基，高0.5米，面阔三间，进深两间，五架梁前出廊式，硬山顶。殿内有砖砌神台，高约1米，设神龛3座，塑有三大王神像。正中的大王为红脸，不喜不怒，严肃庄重；东侧的大王为白脸，慈眉善目，和蔼亲切；西侧的大王脸黑如墨，横眉怒目，手中持剑。后檐墙及东、西山墙保存有诸神壁画。东耳殿三间为奶奶庙，西耳殿三间为马王庙，二殿后檐墙及东、西山墙同样保存有诸神壁画。

吉庄三大王庙壁画气势宏伟，笔法细腻，回旋曲折，构成了一个蔚为壮观的神话世界。当地百姓对三大王的崇拜由来已久。金天会十三年（1135）重修神庙碑中有“神名拓跋，庙号桑干”“拓跋公主饮是泉而诞三王”的记载。吉庄三大王庙及其承载的三大王信仰，对于研究古代北方地区各民族文化之间的交流具有重要的历史意义。

位置　朔州市朔城区神头镇吉庄村

时代　清代

类型　古建筑

吉庄三大王庙正殿与东西耳殿

吉庄三大王庙西耳殿壁画

张马营古城遗址

位置 朔州市平鲁区榆岭乡马营村北

时代 战国、西汉

类型 古文化遗址

2004年，被山西省人民政府公布为第四批省级文物保护单位。

张马营古城遗址北距右玉古城（汉代中陵县）约50千米，南距朔城区马邑古城（汉代马邑县）45千米，其间再无其他与此时代相近的古城。根据城内遗物推测，该古城可能在战国时期就已经存在。

遗址北高南低，因地势而建，平面呈长方形，南北长约500米，东西宽约360米。大部城垣只有高3—4米的土梁，保存最好地段为东南角，城墙高6—8米。建有瓮城，瓮城边长30米。1987、1990、1992年先后三次对古城遗址进行调查、钻探，该城南、北未见门道，可能城门开在东、西两侧。调查人员在城内发现大量战国时期的陶豆、陶罐等的残片及西汉时期的陶罐、陶壶残片，并有少量石斧、石刀等。

张马营古城遗址是研究战国、西汉时期平鲁区历史地理、城镇建设、军事防御及文化交流的重要遗迹。

张马营古城遗址城墙局部

张马营古城遗址地面散布陶片

井坪南梁墓群

位置 朔州市平鲁区井坪镇南梁一带

时代 东周、秦汉

类型 古墓葬

2004年，被山西省人民政府公布为第四批省级文物保护单位。

井坪南梁墓群于1986年至1990年之间被发现。为配合平朔露天煤矿坑口的建设，山西省平朔考古队在井坪南梁一带，发掘墓葬200余座，其中大部分是战国时期墓葬，也有一小部分是春秋晚期墓葬。M54、M57、M192、M303四座墓是选出的标型墓。

墓葬均为结构简单的长方形竖穴土坑墓，无墓道，有的有棺无椁，有的有棺椁，有的有头龛。除M54为母子合葬墓外，其余3座均为单人葬。4座墓共出土陶罐、骨器、铜器、玉石串珠等共33件。井坪南梁墓群是山西北部地区的一项重要考古发现。墓葬出土的器物，在文化系统上具有浓厚的地区特点和北方民族风格。如4座墓葬出土的夹砂单耳陶罐，无论从器形还是纹饰，都沿袭了早期单耳罐的特点，只因时代相距较远，加之受各民族文化的影响，创造出了该地单耳陶罐自身的特征。出土的丁形骨器形制奇特、磨制精细，器身之长为我国同时期墓葬出土物所罕见。

井坪南梁墓群的发掘为考古学研究提供了丰富的实物资料。通过对墓葬形制、出土器物等方面的研究，可以进一步了解当时的社会制度、生产生活方式、丧葬习俗等方面的信息。

井坪南梁墓群全景（由东向西）

井坪南梁墓群部分封土堆（由西向东）

刘诏墓

位置 朔州市平鲁区下水头乡东昌峪村

时代 清代

类型 古墓葬

2021年，被山西省人民政府公布为第六批省级文物保护单位。

刘诏墓建于清康熙十六年（1677）。刘诏墓封土堆不存，分布面积约1350平方米。墓前原有的石人、石马、石狮、石羊等石像生现已不存，地表仅存石牌坊1座、碑刻2通。其一碑面阴刻“皇帝谥谕书”。另一螭首龟趺座，碑额阴刻篆书“康熙鼎建”，碑身阴刻楷体“皇清诰封荣禄大夫镇守广东顺德镇统辖水陆等处地方总兵官左都督世袭三等阿达哈哈番显考魁吾刘府君暨元配一品夫人显妣单氏墓志铭”，记载了刘昭（1627—1694）的生平及官职。石牌坊四柱三门，中门石坊上阴刻楷体“恩荣四代”，两侧偏门石坊上阴刻楷体“龙赐有加”。背面中门石坊上阴刻楷体“世代君恩”，两侧偏门石坊上阴刻楷体“恩覃锡赐”。

刘诏墓为研究清代历史人物、武将制度、社会结构、民俗文化等提供了实物资料。

刘诏墓

刘诏墓刘诏夫人墓志铭碑

广武汉墓群

位置：朔州市山阴县城南

时代：汉代

类型：古墓葬

1988 年，被国务院公布为第三批全国重点文物保护单位。

广武汉墓群俗称“谎粮堆”，相传宋辽交兵时，杨家将利用封土堆伪装粮草，击退了辽兵。据文献记载，秦至汉初，此地属雁门郡楼烦县。东汉时雁门郡移治于今汉墓群北 1 千米处的阴馆古城。这里是汉朝与匈奴长期争战之地，数百年间遗留下了庞大的汉墓群。

汉墓群南北长 8 千米，东西宽 4 千米，分布面积约 32 平方千米。墓群集中分布在南北长 3.6 千米、东西宽 1.3 千米的不规则区域内，地表现存封土堆 288 座。最大的封土堆高 20 米，占地面积 3250 平方米（标号 236）。明代在标号 247 的封土堆上建有一座高大的烽火台。

广武汉墓群还有为数众多的西汉土坑墓和东汉砖室墓，这些墓地表已无封土。

广武汉墓群是中国迄今为止发现的最大汉代墓群，对研究汉代政治、经济、文化具有重要的参考价值。

广武汉墓群远景

广武城

位置　朔州市山阴县广武镇旧广武村

时代　明代

类型　古建筑

2006年，被国务院公布为第六批全国重点文物保护单位。

据《辽史》记载，广武城始建于辽乾亨年间，原为夯土城墙。明洪武至万历年间重修，并用城砖包面。

广武城平面呈长方形，南城墙长332米，北城墙长337米，东、西城墙均长503米，占地面积约1.7万平方米。城墙高8.2米，女儿墙高1.7米，城墙底宽6米、顶宽3.5米。城墙外部砌砖，石条做基。最上沿矮墙置垛口、望洞和射孔。东、西、南城墙上各建马面4座，北城墙建马面5座。广武城辟西、东、南城门，其中西城门宽3.3米、东城门宽3.25米、南城门宽2.9米。城内有4街8巷、烽火台1座、戏台1座。原有城楼、瓮城及护城河，现均不存。

广武城地处雁门关外，曾是辽宋时期的军事要塞，是古代北方游牧民族进入中原的重要通道，是边塞军事防御体系的重镇。广武城对研究辽金及明代城池，民族交流频繁地带的政治、军事、民族关系，具有重要的历史价值。

广武城远景

广武城西城门

沙彦珣墓

位置 朔州市山阴县马营庄乡沙家寺村

时代 辽代

类型 古墓葬

1986年，被山西省人民政府公布为第二批省级文物保护单位。

据明正德《大同府志》记载，沙彦珣生卒年不详，山阴县沙家寺村人。始任圣都指挥使，累迁应州刺史、云州节度使。

墓地南北长500米，东西宽300米，封土堆无存。

沙彦珣是辽代的重要官员，历两朝，居高位，文才武略兼备。他的墓葬作为历史遗迹，为研究辽代历史、政治人物、丧葬制度及文化等提供了宝贵的实物资料。

沙彦珣墓周边环境

王家屏墓

位置 朔州市山阴县河阳堡村

时代 明代

类型 古墓葬

1986年，被山西省人民政府公布为第二批省级文物保护单位。

王家屏墓（王家屏纪念园）是明代万历皇帝首辅王家屏的墓地，整个建筑按照明代一品大员墓地规划修复，曾是明代晋北地区最高品位的御修坟。主要建筑有高6.8米的主墓冢和3座小墓冢，4座用来祭祀和安置石碑的享堂。另有栩栩如生的石人石兽，充溢着浓厚文化气息的神道、碑刻等。神道碑、墓表碑及部分石匾均为明代原物。

王家屏墓是明代高等级官员墓，是明代政治斗争、社会变迁的见证，对于研究王家屏生平、明代丧葬制度具有重要的历史价值。

王家屏墓全景

王家屏墓外景

佛宫寺释迦塔（应县木塔）

位置　朔州市应县金城镇西关

时代　辽代

类型　古建筑

1961年，被国务院公布为第一批全国重点文物保护单位。

佛宫寺释迦塔俗称“应县木塔”，始建于辽清宁二年（1056）。金明昌六年（1195）完成增修加固。元延祐七年（1320）重修。明正统元年（1436）、成化七年（1471）、正德十二年（1517）多次重妆塔内佛像。万历七年（1579），重修释迦塔。清康熙六十一年（1722）、雍正四年（1726）、乾隆五十二年（1787）、道光二十四年（1844）、同治五年（1866）修缮释迦塔。光绪十三年（1887），重修首层与二层间暗层。光绪二十年（1894），彩饰佛像，重贴金。光绪三十四年（1908），重妆一层佛像。1928年，修复释迦塔。1934年，拆除二层以上明层外槽夹泥墙和内部斜撑，改为隔扇门。

佛宫寺释迦塔位于佛宫寺南北中轴线前隅，是寺院的中心建筑。塔坐北朝南，为八角九层楼阁式木塔，现存为辽代遗构。平面为八角形，塔底层直径30米。塔身外观五层六檐，每层间于平座内设暗层一级，实为九层，总高65.838米。

塔由塔基、塔身、塔刹三部分组成。塔基分两层，下层为方形，上层为八角形，高3.66米，各转角处有石角兽。塔身平面柱网布列依宋《营造法式》副阶周匝之制，除底层增设廊柱一周外，各层及平座皆设檐柱和内柱两周。塔身构造为内外槽立柱，柱间栿额贯连，纵横施以梁枋，其间设斗栱垫托，各层梁架结构形制各异。双重立柱构成双层套筒式结构。塔身每面

佛宫寺释迦塔（应县木塔）

三间，首层为重檐，南北两面装板门，余以厚墙封砌。二层以上为单檐，当心辟门，皆设平座勾栏。各层檐下、内柱、廊柱、平座均设斗栱，现存形式达 54 种之多。每层内设木制楼梯、楼板，可登至顶层。塔顶八角攒尖式，筒板布瓦覆盖。砖砌仰莲刹座高 2.17 米，其上铁质刹身高 9.95 米，由覆钵、相轮、露盘、仰月、宝珠和刹杆组成。

佛宫寺释迦塔木匾

塔内 5 个明层共有 26 尊塑像，其中一层 1 尊、二层 5 尊、三层 4 尊、四层 7 尊、五层 9 尊。利用塔心无暗层的高大空间布置塑像，增加佛像的庄严。将横向的佛寺布局与塔的形制结合，形成竖向的佛寺空间集合体。释迦塔第一层前檐南门内东、西壁，内槽南、北门八字墙、横披板以及内槽内壁六面墙壁上均绘有壁画，总面积达 304.65 平方米。除南门内门道两侧壁画，后人曾依照画稿重新描绘外，余皆为辽代建塔和金明昌年间增修时绘制。壁画内容为金刚、天王、供养人及佛、弟子等人物像。塔外檐留名题记甚多。外檐匾额自下而上分别书“万古观瞻”“天柱地轴”“释迦塔”“天下奇观”“峻极神功”等，其中“释迦塔”匾额时代最早，为金明昌五年（1194）款。1974 年，在释迦塔二层、四层佛像内发现辽代文物 160 件，有辽代刻经、写经和木板套色绢画等，是宗教文化史上的重要发现，为塔和塑像的断代提供了重要资料。

佛宫寺释迦塔是世界上现存时代最早、最高的木结构塔。释迦塔集建筑、佛教文化、彩塑、绘画、书法、石刻艺术于一身，是举世瞩目的艺术宝库。据考古遗址和史料判断，佛宫寺释迦塔位于辽应州城中心、明清应州城西北部，与应县城市格局有紧密关联。

净土寺

位置 朔州市应县金城镇

时代 金代

类型 古建筑

2006年，被国务院公布为第六批全国重点文物保护单位。

净土寺因属净土宗而得名，又俗称“北寺”。明代田蕙所编《应州志》载，净土寺“金天会二年（1124）僧善祥奉敕创建，大定二十四年（1184）僧善耸重修”。大雄宝殿内保留有金大定二十四年（1184）、明景泰五年（1454）、明成化十九年（1483）、明崇祯七年（1634）修缮时的墨书题记。

寺院坐北朝南，原建筑分布在东、西两条轴线上，现仅存大雄宝殿，为金代遗构。寺内另存有辽金经幢1座、明代铁钟1口、焚香炉1座、石狮2尊。

大雄宝殿石砌台基，高0.21米，面阔三间，进深六椽，平面略呈方形，单檐歇山顶。平面柱网采用移柱造，殿内后槽两根内柱向后移。梁架为五椽栿对后劄牵用三柱。角柱有明显的侧脚、生起。檐下斗栱为四铺作单昂。筒板瓦屋面，绿琉璃剪边、方心。殿内两山、后墙及扇面墙前后绘有壁画，为清代时绘制。大雄宝殿内存天花藻井九眼，与大殿同时建造。明间三眼藻井，正中为斗八藻井，最大也最华丽，南边为菱形藻井，北边为扁六边形藻井。东次间三眼藻井，中间为斗八藻井，南边为扁六边形藻井，北边为菱形藻井。西次间三眼藻井，中间为斗八藻井，南边为正六边形藻井，北边为菱形藻井。每个藻井中心有一红色圆心，两金龙盘绕。大雄宝殿天花东、西、北三边以及正中央斗八藻井四周饰天宫楼阁。正中央斗八藻井天

净土寺大雄宝殿正立面

净土寺大雄宝殿天花藻井及天宫楼阁

宫楼阁下层四周置平座勾栏，四面各开一门，阁内壁板上绘佛像。

净土寺大雄宝殿天花藻井构图繁复，天宫楼阁制作精细、庄严雅致，且均作混金彩绘，是国内古建筑小木作少见的艺术珍品。

净土寺大雄宝殿明间正中天花藻井及天宫楼阁

繁峙古城遗址

朔州市应县镇子梁乡城下庄村

汉代

古文化遗址

1986年，被山西省人民政府公布为第二批省级文物保护单位。

繁峙古城遗址平面呈长方形，长约1120米，宽约720米。城墙残高0.5—1.5米。1958年，调查发现地面暴露遗物有铜镞、陶豆、陶罐残片等。陶器纹饰为绳纹。遗址未作发掘。

作为汉代的城址，繁峙古城是应县设置最早的县城之一，对于研究汉代的城市规划、布局、政治、经济等方面具有重要意义，为了解当时的社会发展状况提供了实物资料。

繁峙古城遗址局部

田蕙墓

位置：朔州市应县大临河乡圣水塘村

时代：明代

类型：古墓葬

2004年，被山西省人民政府公布为第四批省级文物保护单位。

田蕙在明万历年间曾任通政使，晚年居家时撰修《应州志》，世称“田志”。据墓碑铭记，田蕙墓为皇帝下旨修建。墓地分布面积约4800平方米，墓葬封土已夷平，现仅存残碑5通。

田蕙墓对研究田蕙生平、明代政治、丧葬制度等具有重要的历史价值。

田蕙墓

花寨关帝庙

位置：朔州市应县臧寨乡花寨村

时代：明代至清代

类型：古建筑

2016年，被山西省人民政府公布为第五批省级文物保护单位。

花寨关帝庙创建年代不详。庙宇坐北朝南，一进院落布局，占地面积1555.5平方米。现存文物建筑3座，为明、清建筑，中轴线上有正殿、戏台，东侧为东配殿。庙内保存清代铁钟1口。

正殿坐北朝南，面阔五间，进深两间，前插廊，梁架为五架梁对前单步梁用三柱，硬山顶，筒板瓦屋面。殿内保存有清代壁画约360平方米，绘关帝生平故事、圣母仙游、龙王出巡等题材。

戏台坐南朝北，石砌台基，面阔三间，进深两间，卷棚硬山顶，筒板瓦屋面。梁架为前四架梁对后双步梁用三柱。台形为小三面观，两山墙前部开敞，前檐与两山开敞处围以石栏板。山墙外侧设砖雕八字影壁，正中镶砖雕“福”字。戏台前、后台之间装落地罩，万字形窗棂，罩额上绘人物彩画，书“敲金戛玉”四字。左、右辟门，供演员进出，东侧门额书“鱼跃”，西侧门额书“鸢飞”。戏台后檐墙及两山墙存有壁画，后檐墙绘麒麟，东西山墙绘人物及对联等。

东配殿坐东朝西，面阔三间，进深一间，四架梁通搭前后，单坡硬山顶。

花寨关帝庙是关帝信仰的体现，为研究明清时期地方民间信仰提供了实例。花寨关帝庙戏台造型优美，是当地古戏台的重要代表。

花寨关帝庙正殿正立面

花寨关帝庙戏台

丁堡龙王庙

位置 朔州市应县下社镇丁堡村

时代 清代

类型 古建筑

2021年，被山西省人民政府公布为第六批省级文物保护单位。

丁堡龙王庙始建年代不详。庙宇坐北朝南，一进院落布局，南北长52米，东西宽22.7米，占地面积1180.4平方米。中轴线上有龙王殿、乐楼，龙王殿前东侧有钟亭，现存建筑均为清代遗构。

龙王殿面阔五间，进深三间，前出廊，硬山顶，筒板瓦屋面。墀头砖雕瑞兽和花卉。两梢间后檐墙及两山墙绘清代人物画约125平方米。乐楼坐南朝北，面阔三间，进深两间，卷棚顶，筒板瓦屋面。两山墙前部开敞，为小三面观戏台。前檐雀替雕卷草花纹。钟亭平面呈方形，内悬清光绪八年（1882）铁钟1口。

丁堡龙王庙反映了古代社会对自然力量的崇拜和敬畏，为研究古代民间信仰及与之相伴的民俗活动提供了资料。

丁堡龙王庙龙王殿

丁堡龙王庙龙王殿壁画

钗里五神庙

位置 朔州市应县南泉乡钗里村

时代 清代

类型 古建筑

2021年，被山西省人民政府公布为第六批省级文物保护单位。

钗里五神庙始建年代不详。庙宇坐北朝南，一进院落，布局紧凑，南北长14.9米，东西宽14.4米，占地面积214.6平方米。中轴线上建有山门、正殿，两侧为钟亭、鼓亭，现存建筑均为清代遗构。

正殿面阔五间，进深四间，前出廊，硬山顶，筒板瓦屋面。梢间与次间以墙间隔。殿内后檐墙及两山墙保存有清代壁画，约110平方米，有榜题。墀头饰砖雕盘头。山门面阔一间，设板门两扇，悬山顶，筒板瓦屋面。钟亭、鼓亭分别矗立在庙院的东南角、西南角，平面呈正方形，歇山顶。

钗里五神庙为研究清代建筑风格、布局及施工技艺提供了宝贵的实物资料。庙内保存的清代壁画内容丰富，色彩艳丽，具有较高的艺术价值。

钗里五神庙正殿

钗里五神庙壁画

右玉宝宁寺

位置：朔州市右玉县右卫镇东街

时代：明代

类型：古建筑

2019年，被国务院公布为第八批全国重点文物保护单位。

右玉宝宁寺俗称“大寺庙”。据大雄宝殿内梁架题记，寺创建于明天顺四年（1460），明弘治元年（1488）、清康熙四十八年（1709）重修。

寺坐北朝南，占地面积2546平方米。中轴线上原有牌楼、山门、天王殿、过殿、大雄宝殿，两侧有钟鼓楼及配殿。现仅存过殿和大雄宝殿，均为明代建筑。

大雄宝殿面阔七间，进深三间，单檐歇山顶。梁架结构为九檩落金式。前檐斗栱为五踩重昂，两山斗栱为五踩双翘。前檐明间及两次间平身科斗栱出45°斜昂两层。大雄宝殿前现存石狮1尊。

过殿面阔五间，进深三间，悬山顶。梁架结构为六架梁后压单步梁。前后檐斗栱均为五踩重昂，各间施平身科两攒。

右玉宝宁寺内原有明代皇家所赐水陆画一套，全名“敕赐镇边水陆神帧”，共计136幅，现藏于山西博物院。画中儒、释、道三教人物同堂，各种世俗人物有帝王、妃嫔、孝子、贤妇、烈女、九流百家等，内容有神佛鬼魅、天堂地狱、因果报应等。

水陆画是右玉宝宁寺之精华，布局精妙，色泽鲜艳，人物生动传神，是我国现存明清绘画中不可多得的艺术珍品，为研究明代政治、宗教、文化艺术和风俗民情提供了宝贵的资料。

右玉宝宁寺远景

右玉宝宁寺水陆画

右玉宝宁寺大殿正立面

中陵古城遗址

位置 朔州市右玉县威远镇中陵村

时代 汉代

类型 古文化遗址

1986 年，被山西省人民政府公布为第二批省级文物保护单位。

中陵古城遗址为汉代雁门郡中陵县城遗址，为东汉光武帝刘秀建武二十五年（49）所筑。

古城平面呈长方形，中有一墙，将城分为东、西二城。南、北二墙各长 1500 米，东、西二墙各长 900 米，古城占地面积 135 万平方米。东、西、南、北四道城墙和中段城墙的城门遗址明显，东南城墙被苍头河水冲去一角。古城墙基宽 7 米，残高 1—2.5 米，墙体夯筑，东南墙体坍塌处夯土层厚度为 0.08—0.1 米。城内地面散落有汉代遗物，如云纹瓦当、方格瓦当、五铢钱、半两钱及大量残陶片。周围村民在城内地下还发现一块半两钱的石质钱范，上有四个半钱模，清晰完整。

中陵古城遗址对于研究右玉县历史地理及汉代郡县建设具有重要的历史价值。

中陵古城遗址局部

中陵古城遗址地面残存陶片

西口古道

位置：朔州市右玉县右卫镇杀虎口村东

时代：明代至清代

类型：古文化遗址

2021 年，被山西省人民政府公布为第六批省级文物保护单位。

西口古道，也称“杀虎口”“西口”，是一条由山西通往内蒙古、西域的陆路关口通道。著名的民歌《走西口》中的“西口”就在这里。

清代以前，杀虎口是北方游牧民族南扰中原的入口，也是中原历代封建王朝出兵征讨的必经之路，历代王朝都在这里屯兵扼守。这里曾发生过无数次战争。明末清初，由于灾害频繁和战乱不断等原因，迫于生计，晋西北大批贫苦汉子，三五成群或单枪匹马，历尽艰辛，背井离乡，远走“口外”谋求生计。

西口古道是晋商发迹的重要通道。明末清初，“口外”不仅有广阔土地，而且有大明政府设置的边防，宜农宜商，走西口的流民和移民数量达到了历史高峰。这使得明清时期的西口经济繁荣无比，店铺林立，客栈遍布街巷。晋商的走西口，打通了中原腹地与内蒙古草原经济文化的通道，带动了落后的北部地区农耕文化的繁荣发展，同时也开启了中国通往中亚、俄罗斯的茶叶商贸之路。

西口古道局部

西口古道石碑

威远墓群

位置：朔州市右玉县威远镇树儿照村

时代：汉代

类型：古墓葬

1986年，被山西省人民政府公布为第二批省级文物保护单位。

威远堡古城原为汉时中陵县，四周分布有许多汉墓。威远墓群包括树儿照、南八里、进士湾诸墓群。南八里村西南的坡地上现存封土堆10座左右，1973年曾发掘3座，出土遗物200多件，均为汉代器物。树儿照村东北隅的五侯山上有墓冢封土堆40余座，每座高2—9米，周长50—70米。进士湾村、威远镇周围现存封土堆30余座，在此发现一些汉代的铜币、带钩、陶器等随葬品。

威远墓群中出土的汉代器物，为研究汉代社会生活、经济文化提供了宝贵的实物资料。这些墓葬不仅反映了汉代的丧葬习俗，还揭示了当时社会的政治、经济、文化等各方面的状况。

威远墓群部分封土堆

威远墓群地面采集陶片

马营河老爷庙戏台

位置 朔州市右玉县右卫镇马营河村

时代 明代

类型 古建筑

2021年，被山西省人民政府公布为第六批省级文物保护单位。

马营河老爷庙戏台，又称“马营河乐楼”。始建年代不详，据戏台现存碣记载，清乾隆九年（1744）重修。

戏台坐南朝北，东西长11.15米，南北宽11.1米，占地面积124平方米。现存建筑为明代遗构。戏台台基石砌，高1.2米。平面呈方形，面阔三间，进深两间。勾连搭屋顶为前卷棚后歇山，筒板瓦屋面。檐下施斗栱一周，三踩，共计二十一朵，后檐无平身科。小三面观戏台，东西山墙前部畅明，两山前部与前檐设石栏杆；后部砌墙，两山墙上各辟一圆形窗。戏台后部设木隔扇，将戏台分为前后场。后檐墙向东西两侧延伸，成为一字形影壁。影壁须弥座，正中嵌二龙戏珠圆形砖雕，顶部为砖砌飞椽、瓦面。戏台西山墙嵌清乾隆九年（1744）重修碣1方。

马营河老爷庙戏台是朔州市现存最完整的明代戏台，建筑形制精巧独特，造型优美，砖雕、木雕玲珑剔透，古朴雅致，是研究晋西北地区古建筑及雕刻艺术不可多得的实物资料。

马营河老爷庙戏台正立面

马营河老爷庙戏台背立面

鹅毛口遗址

位置　朔州市怀仁市城西北

时代　新石器时代

类型　古文化遗址

1986年，被山西省人民政府公布为第二批省级文物保护单位。

鹅毛口遗址于1963年被发现。遗址范围约2万平方米，遗物主要是石器，还发现了3块陶片。

由于山体长期遭受侵蚀和雨水的冲刷，遗址中的石制品多暴露于地表，遍地皆是。原料以凝灰岩为主。石制品分为石核、石片和石器。石器主要是打制石器，证明当时的人已能较熟练地从原生岩层上开采石料。绝大多数的石片疤短而深，说明打制石片的技术还很原始。器形有砍砸器、龟背状斧形器、手斧、厚尖状器、弯尖状器等大型石器。石器多数是用歪尾石片进行加工的，因此，歪尾石片是这一文化的重要特征之一。

鹅毛口遗址是怀仁市发现的新石器时代早期的古人类生活遗迹，为研究黄河流域氏族制度早期的发展提供了重要线索和史料依据，有助于了解当时的社会组织、生业模式及人类在新石器时代的发展等方面的情况。

鹅毛口遗址周边环境

鹅毛口遗址烧土遗迹

金沙滩墓群

位置：朔州市怀仁市金沙滩镇尚南头村

时代：汉代

类型：古墓葬

1986年，被山西省人民政府公布为第二批省级文物保护单位。

金沙滩墓群东西长2500米，南北宽1200米，分布面积约300万平方米。墓群现存大型封土堆16个，没有封土的墓葬较多。地表现存圆形封土堆底径25—35米，残高1.5—6米，夯层厚0.15—0.25米。采集有泥质灰陶盆、罐和壶等的残片。

金沙滩墓群曾发掘了7座大中型、30余座小型墓葬，大多数是汉代墓。大中型墓都是砖室墓，分为单室墓、多室墓两种，由墓道、甬道、墓室组成。小型墓有竖穴土坑墓和砖室墓两种。随葬品主要有陶壶、陶楼、陶灶等，也有少量釉陶、漆耳杯、漆盘、石桌、铜镜等。曾出土汉代墓葬中罕见的铺地方花砖。1984年清理小型砖室墓5座，出土陶罐、陶壶、陶盘、陶猪及五铢钱等。

金沙滩墓群的发掘为考古学提供了丰富的实物资料，有助于深入了解汉代社会的各个方面。

金沙滩墓群局部

金沙滩墓群封土堆

丹阳王墓

位置 朔州市怀仁市城北

时代 北魏

类型 古墓葬

1996年，被山西省人民政府公布为第三批省级文物保护单位。

据《怀仁县志》记载，丹阳王墓的墓主人是丹阳王叔孙建，但无确凿史料及出土文物为证。

该墓坐北朝南，由墓道、甬道、前室、后室和东西侧室组成。墓室平面均呈弧边长方形，四角攒尖顶，前、后室同大，边长5.9米，东、西侧室同大，边长5.2米。墓室内有少量的砖，丁头制有阳文魏体“丹扬王墓砖”五字。四条甬道壁及前后甬道、前后室的地面都铺砌花纹砖。花纹有类似宝相花瑞兽、各种忍冬、变形龙凤、武士纹等共15种类型，皆为模印阳文图案。墓道和甬道交接处两边各有1.5平方米的壁画，绘着三面六臂手持异形武器的武士、瑞兽、花卉等。

该墓从尺寸、形制上看比方山永固陵、司马金龙墓都大，但不如其精致。未发现随葬器物和人骨架，只发现少量金箔屑。

丹阳王墓墓室结构复杂，为研究北魏时期墓葬的形制演变、建造技术和结构布局提供了重要参考。墓内的花纹砖图案精美、线条流畅，展现了北魏时期高超的砖雕艺术水平。

丹阳王墓近景

丹阳王墓出土壁画

丹阳王墓出土铭文砖

华严寺砖塔

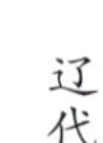

位置：朔州市怀仁市何家堡乡悟道村

时代：辽代

类型：古建筑

1996年，被山西省人民政府公布为第三批省级文物保护单位。

华严寺砖塔又称“清凉山砖塔”，创建年代不详，据其建筑形制、风格推断，应为辽代建筑。

华严寺砖塔为七级八角密檐式砖塔，通高10.8米。塔基呈八角形，边长1.5米，占地面积10.2平方米。塔基设单层须弥座，高1.3米。束腰部分每面设一壸门，雕有乐伎、菩萨等形象，转角处雕有神态各异的力士像。须弥座上、下分别雕一层仰莲、覆莲。塔身一层南面辟券门，高1.55米，宽0.65米。塔身内有塔心室，室高2.9米，长、宽各1米。神台上塑有手握朱笔、脚踏金龟的魁星像。塔身其余七面为砖砌假直棂窗和拱形门。塔身八角设砖砌抹角方形倚柱，各面施仿木阑额、普拍枋。塔身第一层檐下施砖砌仿木斗栱一周，均为四铺作单杪，并设砖雕椽飞、勾头及板瓦。第二至七层皆为叠涩出檐，每级收分明显。顶部为铁质塔刹。

华严寺砖塔具有辽代密檐式砖塔的典型特征，是研究辽代佛教建筑的重要遗存。

华严寺砖塔近景

忻州市

山西

文物

要览

❶ 忻府区

❷ 定襄县

❸ 五台县

❹ 代县

❺ 繁峙县

❻ 宁武县

❼ 静乐县

❽ 五寨县

❾ 岢岚县

❿ 河曲县

⓫ 保德县

⓬ 偏关县

⓭ 原平市

金洞寺

位置 忻州市忻府区合索乡西呼延村

时代 宋代、明代、清代

类型 古建筑

2006年，被国务院公布为第六批全国重点文物保护单位。

据寺内经幢铭文记载，金洞寺创建于北宋元祐八年（1093），元延祐五年（1318）重修，明、清进行局部维修。

金洞寺依地形而建，坐北朝南，占地面积约3551平方米。中轴线上依次有山门、过殿、文殊殿，西南向坐落转角殿，正西为僧舍，东面由前至后依次为普贤殿、三教殿。

转角殿为宋代遗构，平面呈方形，面阔三间，进深三间，单檐歇山顶。梁架为彻上明造，前檐柱头五铺作单杪单下昂、里转双杪偷心造，耍头为批竹昂形。前檐设一门二窗，门为板门，窗为直棂窗。

文殊殿重建于明嘉靖七年（1528），面阔三间，进深六椽，悬山顶，四椽栿前后劄牵用四柱，明间六抹头隔扇门，次间直棂窗。殿内保存壁画4.9平方米。

三教殿为明代建筑，面阔三间，进深四椽，悬山顶，三椽栿前劄牵用三柱，明间六抹隔扇门，次间直棂窗。

金洞寺保存了宋、明、清三个时代的建筑，建筑别致，布局错落有致，历史悠久，是研究古代建筑的重要实物资料。转角殿为宋代建筑，且类型独特，具有相当的代表性。寺院与五台山文殊道场有密切关系，对研究五台山建筑群和佛教文化有重要价值。

金洞寺全景

金洞寺过殿

金洞寺文殊殿

金洞寺转角殿

向阳遗址

位置 忻州市忻府区豆罗镇向阳村

时代 新石器时代

类型 古文化遗址

1965年，被山西省人民委员会公布为第一批省级文物保护单位。

向阳遗址于1957年被发现，2006年，对其进行了详细调查。遗址东西长800米，南北宽600米，面积约48万平方米，包含仰韶文化中期和龙山文化晚期等阶段的遗存，尤以龙山文化晚期为主。

遗址文化层堆积厚0.5—2.5米，龙山文化晚期遗存较为丰富，遗迹有白灰地面、半地穴等，出土遗物有鬲、瓮、盆、罐等，纹饰多为绳纹和篮纹，陶器夹砂、泥质兼有。此外，还发现部分仰韶文化中期红陶，包括敛口钵、盆。

向阳遗址规模较大，是忻定盆地仰韶文化中期和龙山文化晚期两个鼎盛阶段的一处具有重要代表性的遗址。

向阳遗址全景

向阳遗址文化层

向阳遗址采集陶片

连寺沟墓地

位置　忻州市忻府区庄磨镇连寺沟村

时代　商代

类型　古墓葬

1986 年，被山西省人民政府公布为第二批省级文物保护单位。

据记载，1938 年，在连寺沟村东附近的牛子坪沟崖上发现过一批青铜器，其中一部分已遗失，一部分被太原文物商店收购，现藏山西博物院。现藏于山西博物院的青铜器共 5 件，有铜鼎 1 件、铜瓿 1 件、铜斝 1 件、铜爵 1 件、铜簪 1 件。1966 年 11 月，在村南 500 米左右的羊圈坡发现青铜器 5 件，其中有铜爵 1 件、铜觚 1 件、鼎 3 件。根据青铜器纹饰和造型风格初步判断，该墓时代应为商代。

连寺沟墓地中发现的铜爵、铜觚、铜鼎等，制作具有一定水准，铜器组合与商文化一致，这为探讨商时期山西中部的方国及其与商王朝的关系提供了重要资料。

连寺沟墓地

九原岗墓群

位置 忻州市忻府区兰村乡下社村

时代 北朝

类型 古墓葬

2016年，被山西省人民政府公布为第五批省级文物保护单位。

2013—2014年，山西省考古研究所抢救性发掘了九原岗墓群中被盗最为严重的一座北朝砖室壁画墓。

墓葬上方残存高大的封土，封土呈不规则圆形，直径6.5—10米，高4.2米。

墓葬形制为带斜坡墓道的单室砖墓，坐北朝南，方向为177°，由墓道、甬道、墓室等部分组成，南北总长41.2米。墓葬外围有墓园围墙遗迹。

墓葬出土遗物很少，多为器物残片，种类有陶瓷器、陶俑、陶模型明器及动物模型残片等。

墓葬出土壁画的面积约240平方米，分布于墓道两侧壁、墓门上方、门墙正面、甬道内壁和墓室内壁四周。

墓道东、西两侧壁绘满壁画，自上而下各分为四层。第一层的画面内容主要表现分布于流云中的各种奇禽神兽、龙鹤仙人、雷公风伯等，第二层壁画主要有马匹贸易图和围猎图等，第三和第四层壁画主要为出行图和回归图。壁画中各类图像都用细黑线勾边，然后用红色、黑色、白色、蓝色、黄色、紫色诸彩填绘，线条流畅而富于变化，画面灵活生动，背景及人物远近有致，显然经过了精心布局。

门墙壁画位于甬道前端墓门上方的门墙正面，彩绘木结构

九原岗墓群壁画墓北壁墓门上方壁画

九原岗墓群壁画墓墓道东壁壁画

九原岗墓群壁画墓墓道西壁壁画

门楼图。甬道门额中部绘有一只朱雀，口衔草叶，两旁绘有一些云彩和花草图案。甬道内壁顶部绘有一个以红、蓝色为主色的神兽，挥舞着四肢向下方俯冲。墓室内壁四周壁画为星象图、四神图。

从形制和壁画布局等方面看，墓主人应为东魏至北齐早期统治集团的一位重要人物。墓葬壁画面积较大，内涵极为丰富，是研究北朝葬俗信仰、社会生活、历史文化、军事制度和北朝建筑形式等方面的珍贵资料。

元好问墓

忻府区

位置 忻州市忻府区韩岩村

时代 金代

类型 古墓葬

1965年，被山西省人民委员会公布为第一批省级文物保护单位。

元好问墓南北长67米，东西宽33米，墓周砌石，墓前有三间享堂，其内嵌刻碑碣甚多。陵园内有野史亭，传说是元好问编纂野史的地方，1924年重建，高约12米，为六角攒尖顶形。野史亭设计奇特，构筑精巧，雕梁画栋，阴刻斗栱。整个亭子用六根木柱支撑。亭内正壁是元好问石刻画像，左右两边是元好问墨迹六种，或楷或草，颇具功力。进入元陵，松柏夹道，林木遮阴，时花竞放，碑碣林立，一派古朴肃穆的陵园氛围。

元好问墓建筑布局合理，设计精巧，体现了古代建筑艺术的独特魅力。墓地的享堂、野史亭等是研究古代建筑艺术的重要实物资料。

元好问墓享堂及石虎、石羊、石翁仲

元好问墓封土堆

元好问墓墓门

北城门楼

位置　忻州市忻府区光明东街与五台山南路交叉口

时代　明代

类型　古建筑

2004年，被山西省人民政府公布为第四批省级文物保护单位。

北城门楼创建于明万历二十四年（1596），清乾隆十八年（1753）、同治七年（1868）维修，新中国成立后多次维修。

门楼坐北朝南，东西长60米，南北宽30米，占地面积1800平方米。现存建筑主体为明代遗构。门楼砖石基座高12米，中辟门洞。楼身为木构，高17米，面阔七间，进深四间，周围廊，三重檐歇山顶，每层施廊柱22根，楼内无柱。上两层廊柱间置木栏板。北城门楼保存相对完整，是当地的标志性建筑。门楼顶层檐下，高悬“晋北锁钥”牌匾。

北城门楼远景

北城门楼侧面

连寺沟泰山庙

忻州市忻府区庄磨镇连寺沟村

清代

古建筑

2016年，被山西省人民政府公布为第五批省级文物保护单位。

泰山庙创建年代不详。庙坐北朝南，坐落于土丘之上，建筑依地势而建，南低北高，南北长95米，东西宽40米，占地面积3800平方米。中轴线上依次为戏台、山门、过殿、正殿，东西两侧分别为东西耳房、东西配殿及东耳殿，西耳殿残毁不存，山门外设倒座戏台。现存建筑为清代遗构。庙内存碑5通。

戏台为组合建筑，前半部分面阔三间，进深四椽，单檐悬山顶；后施抱厦，正对山门，面阔三间，进深四椽，单檐歇山卷棚顶，两侧原有八字影壁，现西侧影壁不存。戏台脊部墨书题记“大清咸丰二年岁次壬子三月初十日吉时建”，是忻州市现存具有较高历史和艺术价值的古戏台。

山门建于高台之上，面阔三间，进深三椽，单檐悬山筒板布瓦顶，明间前檐出抱厦一间，单檐悬山筒板布瓦顶，脊部墨书题记“大清咸丰二年岁次壬子三月二十七日吉时建”。

过殿面阔三间，进深三椽，前单步梁对后三架梁通檐用三柱，前一间为敞廊，单檐悬山顶。前后檐原有装修不存，仅存槛框，现前檐明、次间隔扇为后人制作，安装于前檐柱间。前檐柱头斗栱为一斗二升交麻叶梁头，平身科每间一攒，后檐无斗栱。后檐明间走马板上题“隆祀岱宗”。脊部墨书题记“大清咸丰二年岁次壬子三月二十日吉时建”。

连寺沟泰山庙戏台

连寺沟泰山庙山门

连寺沟泰山庙正殿

正殿面阔三间，进深五椽，前单步梁对后五架梁通檐用三柱，前一间为敞廊，单檐悬山顶。前檐柱头斗栱为一斗二升交麻叶梁头，平身科每间一攒，斗栱前为一斗二升交麻叶，后尾为三幅云，后檐无斗栱。明间六抹头隔扇门四扇，次间为直棂窗。脊部墨书题记“大清乾隆二十年岁次乙亥五月榖旦”。

泰山庙现存建筑脊部均有题记，明确记载了建筑建造时间。庙内现存石碑保存了庙院建筑修缮的历史记录，是研究古代建筑的可靠资料。

秀容书院

位置：忻州市忻府区南城街道办事处南街村

时代：清代

类型：古建筑

2004年，被山西省人民政府公布为第四批省级文物保护单位。

秀容书院创建于清乾隆四十年（1775）。书院建成后取代了忻州儒学，成为当时忻州最高学府。清光绪二十八年（1902）改称“新兴学堂”，创山西书院改学堂之首例。

书院依地形而建，坐北朝南，南北长179米，东西宽151.5米，占地面积2.72万平方米。书院由上、中、下三院组成。西高东低、错落有致。上院为主院，中、下院为书舍。

主院为三进院落布局，中轴线上依次有乐楼、过厅和正房，两侧为厢房、耳房。书院西坡先后建立三个风景亭，正中为四角亭，南为八角亭，北为六角亭。其中六角亭为三亭之最，每边长约3米，亭高约9米，旧称“寥天阁”，为全城最高点。正房砖砌台基，面阔五间，进深四椽，单檐悬山顶，五檩无廊式构架，斗栱一斗二升交麻叶，原装修不存。

秀容书院建筑风格简洁，布局工整，对研究晋北一代书院建筑风格、书院布局、人文历史有较高参考价值。

秀容书院全景

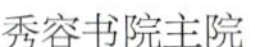
秀容书院主院

秀容书院乐楼

定襄关王庙

位置 忻州市定襄县北关村

时代 金代

类型 古建筑

2006年，被国务院公布为第六批全国重点文物保护单位。

定襄关王庙又称“关帝庙”，据庙内碑文记载，创建于唐代，原名“悯忠祠”。关王殿北侧栌斗题记记载殿宇建于金皇统九年（1149）。金泰和八年（1208）塑关羽像，改名为“关王庙”。元至正六年（1346）、明嘉靖三十四年（1555）、清康熙二十八年（1689）重修。

定襄关王庙坐西朝东，占地面积567平方米，现仅存关王殿，其余建筑不存。关王殿为砖石台基，面阔三间，进深四椽，单檐歇山顶，梁架结构为三椽栿对前劄牵通檐用三柱，前檐柱头斗栱四铺作单昂，昂为批竹式，后檐斗栱均五铺作双杪，当心间置板门，两次间为直棂窗。庙内存金泰和八年（1208）塑关羽像石碣1方、元代重修碑1通。

定襄关王庙为我国北方现存最早的关帝庙之一，是古代定襄县物质文化生活、思想观念、风俗习惯和社会风尚的体现。

定襄关王庙关王殿

定襄关王庙外景

定襄关王庙殿内石碣

洪福寺

位置：忻州市定襄县宏道镇北社东村

时代：金代、明代、清代

类型：古建筑

2001年，被国务院公布为第五批全国重点文物保护单位。

洪福寺创建年代不详，据碑文记载，金天会年间重修，明代屡有修葺、增建，清康熙年间进行过两次大规模整修。

寺院坐北朝南，建于高7米的土台上，占地面积约3186平方米。一进院落布局，周设城堡式围墙。沿中轴线建有山门、正殿，东侧有配殿，西侧为侧院、堡门。正殿为金代遗构，其余为明、清建筑。

正殿石砌台基，面阔五间，进深六椽，单檐悬山顶，黄、绿琉璃脊饰。柱头斗栱六铺作单杪双下昂重栱造，补间铺作各一朵，前檐当心间及两次间均置六抹隔扇门，斜方格格心，梢间置直棂窗。殿内梁架六架椽屋四椽栿对前后乳栿通檐用四柱。殿内设长12米、宽7.3米的佛坛，坛上泥塑华严三圣九尊像，正中为释迦牟尼佛，左普贤，右文殊。三圣主像面相丰腴，外眼角稍上挑，口唇端正，双肩圆润，面目刻画细腻，衣褶线条流畅。胁侍菩萨两尊，腰部弯曲，稍前倾，亭亭玉立，塑作技法洗练。弟子阿难、迦叶尊者分立主尊两侧。华严三圣像下有须弥座，每角均有一尊力士相撑，文殊、普贤下有坐骑彩塑。九尊泥塑均保留有宋金时期风格，梁架上饰有悬塑。寺内除9尊宋塑外，还保存清代塑像3尊、明重修碑5通、金天会十年（1132）经幢1座。

洪福寺正殿内彩塑精妙别致，想象丰富，堪称雕塑艺术中的上乘之作，对研究宋金时期雕塑艺术有重要价值。

洪福寺正殿

洪福寺正殿斗栱

洪福寺彩塑①

洪福寺彩塑②

留晖洪福寺

位置：忻州市定襄县南王乡留晖村

时代：明代至清代

类型：古建筑

2019年，被国务院公布为第八批全国重点文物保护单位。

留晖洪福寺创建年代不详，据寺内碑文记载，元泰定元年（1324）重修。正殿为明清建筑，其余为清代建筑。

寺院坐北朝南，东西长72.3米，南北宽52米，占地面积约3760平方米。一进院落布局，中轴线上建有山门（天王殿）、圣母乐亭（攒尖阁）和正殿（大雄宝殿），东西两侧建有配殿，东小院建有关帝殿。

正殿坐北朝南，占地面积164平方米，砖石台基，面阔五间，进深四椽，单檐悬山顶，四架椽屋通檐用三柱，原前檐当心间及两次间置六抹隔扇门，梢间施直棂窗。当心间六抹隔扇门为原制，其余门窗均被后人改制。圣母乐亭为攒尖顶，由14根露明柱子支撑，结构特别。

寺内存北宋政和三年（1113）六面经幢1座，元泰定元年（1324）重修洪福寺碑1通，明、清重修碑9通。元碑石灰岩质，螭首，龟座，通高3.3米，宽1.05米，厚0.3米。

留晖洪福寺整体布局紧凑合理，建筑风格独具特色，是山西明清佛教庙宇建筑群的典型实例。

留晖洪福寺大门外

留晖洪福寺院内

留晖洪福寺圣母乐亭

留晖洪福寺正殿

西社遗址

位置 忻州市定襄县宏道镇西社村

时代 新石器时代

类型 古文化遗址

1986 年，被山西省人民政府公布为第二批省级文物保护单位。

西社遗址东西长 500 米，南北宽 400 米，面积约 20 万平方米。

遗址范围内遗迹丰富，有厚 0.5—1 米的文化层。遗迹有半地穴白灰房址、陶窑及同时期墓葬等。遗址北部是其墓葬区，发现有多人合葬墓，此外还见有一些单人土坑竖穴墓和石棺墓。

遗物方面，采集有石器、骨器和陶器残片等。陶器残片以灰陶为主，器形较大，三足器居多，有鬲、三足瓮、甗、罐、豆、盆、单耳杯等，其纹饰有绳纹、篮纹、弦纹及少数附加堆纹。石器包括斧、铲、球、环、刀等。骨器有骨针等。

西社遗址为我们了解古代人类在该地区的生活状况、生产方式提供了宝贵的实物资料。

西社遗址远景

西社遗址采集陶片

白村遗址

位置　忻州市定襄县受禄乡白村

时代　新石器时代

类型　古文化遗址

1986年，被山西省人民政府公布为第二批省级文物保护单位。

白村遗址规模较大，东西长1500米，南北宽500米，面积达75万平方米。

遗址范围内发现的文化层厚1—2米。地面采集的陶器有罐、盆、甗、三足瓮、细瓮等。陶质有夹砂、泥质，其中以灰陶居多，红陶次之。纹饰有绳纹、篮纹等。遗物中的石器较多，有石球、斧、凿、三棱尖状器等，以石球居多。石器大部分为刃部磨光，二次加工较粗糙。

白村遗址规模大，时代突出，属该区域龙山晚期一处大型聚落，对研究忻定盆地龙山晚期文化与社会组织等方面具有重要意义。

白村遗址远景

白村遗址采集陶片

白佛堂

位置：忻州市定襄县河边镇继成村

时代：明代

类型：古建筑

2004年，被山西省人民政府公布为第四批省级文物保护单位。

白佛堂创建于明嘉靖十四年（1535），清代多次修葺。坐北朝南，占地面积约1217平方米。一进院落布局，中轴线仅存正殿，创建于明嘉靖二十二年（1543），清代多次修葺。

正殿又名“石殿”，坐北朝南，开凿于千仞绝壁上，由石雕仿木构前檐和天然石洞组成，东西长9.5米，南北宽4.5米。前檐面阔三间，鼓形柱础，明间盘龙柱，柱头斗栱为五踩双翘，六抹隔扇门。殿内中央设方形佛坛，坛上镌造释迦牟尼佛像一尊，两山及后壁两侧也凿有佛坛，佛坛正面开有壸门，内阴刻各类纹饰，内容模糊不清，难以辨别。佛坛上部雕造仿木结构神龛，龛内置14尊造像。后壁中央开有门框及半掩板门，凸雕一侧身探出的小僧，身着交领袈裟，腰系带结，右手提壶置于腹下部，右腿迈出门槛。仿木构神龛上，释迦牟尼像顶部为八边形藻井，藻井檐壁分层雕有大小不等的佛像100余尊，因此又名“百佛堂”。

白佛堂整个石殿、石柱、石佛连成一体，浑然天成，雕造技法较为细腻，是研究佛教石窟的珍贵资料。

白佛堂正殿

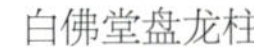

白佛堂盘龙柱

白佛堂殿内石佛像

迴凤砖塔

位置 忻州市定襄县受禄乡回凤村

时代 宋代

类型 古建筑

2021 年，被山西省人民政府公布为第六批省级文物保护单位。

迴凤砖塔始建于宋元祐元年（1086），原在普济寺内，现寺已毁，仅存此塔。塔为宋代遗构，占地面积 20 平方米。

迴凤砖塔为仿木结构楼阁式，由塔基、塔身、塔刹三部分组成，主体砖砌，塔高约 17 米，共七层，各层正面均设券门。塔基平面呈方形，砖石砌筑，边长 4.5 米，高 2.5 米。塔基顶设砖砌叠涩塔檐，布瓦收檐。塔身平面呈六边形，六层，由下而上逐层收分，每层均作仿木构椽飞，布瓦收檐。其中二层柱头仿木构斗栱为五铺作单杪单昂，昂头为木制批竹昂。每面施一朵补间铺作，为四铺作单昂，昂头为砖仿木、批竹昂形。三层及以上仅有柱头铺作。塔刹由亭阁式刹座、覆钵、铁质刹顶组成。

迴凤砖塔是研究宋代仿木构砖塔的重要实物资料。

迴凤砖塔

南禅寺大殿

位置　忻州市五台县阳白乡李家庄村

时代　唐代

类型　古建筑

1961年，被国务院公布为第一批全国重点文物保护单位。

南禅寺大殿创建年代不详。唐建中三年（782）重建，宋、元、明、清历代均有修葺。寺院坐北朝南，由正院、东院及后院组成，正院为一进四合院布局，中轴线上有观音殿、大殿，两侧为菩萨殿和龙王殿，东院最北端为阎王殿。现存建筑唯大殿为唐代原构，其余建筑皆为明、清遗构。

大殿砖石台基，高1.10米，殿前设有月台。殿身面阔三间，进深四椽，平面近方形，单檐歇山顶。殿周施檐柱12根，西山墙抹楞方柱三根，柱侧脚、生起明显，柱间用阑额联系，不设普拍枋，转角处阑额不出头。殿内梁架彻上明造，四椽栿通达前后檐，栿上施角背、驼峰、大斗、捧节令栱和平槫，平梁之上施大叉手承托脊槫。大殿斗栱用材硕大，柱头斗栱五铺作双杪偷心造，栱头卷杀为五瓣，每瓣微向内顱，这种做法曾见于齐隋之间石窟窟檐及墓葬石刻中，现存木构建筑中仅此一例。无补间铺作。柱头正心上方尚存皿板之制。大殿前檐当心间装板门两扇，两次间安破子棂窗。殿内砌佛坛，坛周以青砖雕刻，有叠涩花边和莲瓣，束腰壸门内刻有花卉和跑兽图案，上塑唐代塑像14尊，塑像底座2个，元至正三年（1343）曾部分妆绘。主佛释迦牟尼结跏趺坐于束腰须弥座上，两侧分别为二弟子、二胁侍菩萨，文殊、普贤分别驾狮、象侍于佛左右，坛前侍立菩萨和金刚。文殊、普贤二菩萨前有獠蛮、拂菻牵引

南禅寺大殿

南禅寺大殿唐代塑像

狮、象并仰望童子像。各像面相丰满，塑造手法同敦煌唐代塑像相似，为中国现存寺庙中的唐塑珍品。大殿西山墙内原有壁画现存放于龙王殿内。

南禅寺大殿是我国现存最早的木结构建筑，结构简洁，风格质朴，展现了唐代建筑风貌，是研究我国古代建筑史、艺术史、技术史的珍贵实例。

南禅寺大殿唐代释迦牟尼塑像

南禅寺大殿唐代侍立菩萨和金刚塑像

佛光寺

位置：忻州市五台县豆村镇佛光村

时代：唐代至清代

类型：古建筑

1961年，被国务院公布为第一批全国重点文物保护单位。

据《清凉山志》记载，佛光寺创建于北魏孝文帝时期，唐武宗会昌五年（845），除几座墓塔外，其余建筑全部被毁。唐大中十一年（857），京都女弟子宁公遇和高僧愿诚主持重建。金天会年间于寺内前院两侧建文殊、普贤殿。元代补修东大殿、文殊殿殿顶、脊兽。经历元末明初的战乱后，佛光寺逐渐荒废。明、清重建山门（天王殿）、伽蓝殿、香风花雨楼、关帝殿和万善堂。明崇祯年间普贤殿被火焚毁，清光绪年间天王殿毁于火灾。

寺坐东朝西，依山而建，三层院落，进入山门后为第一层平台，南侧为伽蓝殿，北侧为文殊殿，第二层平台北侧为香风花雨楼，拾级而上，东大殿立于第三层平台上，大殿东南角有祖师塔，南北两侧有关帝殿和万善堂，占地面积1.56万平方米。现存建筑东大殿为唐代遗构。文殊殿为金代所建。东大殿南侧的祖师塔，建于北魏，为佛光寺创建时期保留至今的唯一实物，其余皆为明、清建筑。寺内保存有北朝祖师塔1座，唐代经幢2座，明代经幢1座，唐代塑像35尊，金代塑像7尊，明代塑像5尊，唐代壁画61.68平方米，宋代壁画2.10平方米，明代壁画110平方米，明、清维修寺庙碑15通。寺外存有唐代墓塔5座、金代墓塔1座。

东大殿为寺内主殿。据殿内四椽栿下“佛殿主上都送供女

佛光寺山门

佛光寺东大殿五百罗汉塑像局部

弟子宁公遇”及殿内板门上唐代墨书题记知，东大殿重建于唐大中十一年（857），元代曾重修瓦顶、更换脊兽。殿依石崖而建，殿前为高13米的片石垒砌基座。殿身面阔七间，进深八椽，单檐庑殿顶，琉璃鸱吻。梁架结构为八架椽屋四椽栿对前后乳栿通檐用四柱，梁架分为明栿、草栿。平梁上不用驼峰与侏儒柱，仅用两支大叉手斜向支撑，以承平槫上荷载。柱头斗栱七铺作双杪双下昂，昂为批竹形，补间铺作一朵，斗栱古朴雄大，高度近柱身的一半。檐柱侧脚、生起明显。前檐五间辟板门，两尽间安直棂窗。板门后有唐咸通七年（866）、八年（867）游人墨书题记。

殿内设有宽五间的大佛坛，上存唐代塑像35尊，坛上一字排列主像5尊，其两侧和前面各有5—6尊胁侍菩萨，坛前各角塑天王像。分布于坛上的还有供养菩萨、童子、獠蛮、拂菻及佛殿主宁公遇等身像，坛下南梢间窗下塑沙门愿诚和尚像。主像释迦牟尼佛结跏趺坐于长方形须弥座上，高5.3米，左次间弥陀佛像结跏趺坐于莲台上，右次间阿弥陀佛趺坐于六角形须弥座上，各像面相丰满，眉如弯月，具有

佛光寺东大殿

显著的唐代风格。全堂塑像场面宏阔，造型写实，无论是佛和菩萨的庄严宝相、胁侍的婀娜多姿，还是愿诚和尚和宁公遇形象的写真，均表现出唐代彩塑艺术的高超技艺。近代重新妆饰，设色鲜丽，形体轮廓均保留了唐代塑像风格。

殿内存壁画共 22 幅，面积约 61.68 平方米。前槽北次间画面构图分三组，中心一组为“西方三圣”，弥陀佛居中，两侧观音和大势至二菩萨胁侍，左右两组以文殊、普贤二菩萨为中心，旁有胁侍菩萨、天王、飞天相伴，壁画两端有僧人和供养人排列，亦有身着袍服的官吏形象，各种服饰皆为唐式，画面色彩以青绿为主。当心间佛座后壁画高 0.35 米，宽 1 米，共 0.35 平方米。画面绘天王、力士降魔镇妖，中为一头戴花冠的天女，南侧为力士。整幅画面人物形象生动，形神兼备，设色素雅，颇有吴道子之风。

文殊殿为金天会十五年（1137）建。大殿片石和料石砌台基，高 0.85 米，殿身面阔七间，进深八椽，单檐悬山顶，黄、绿琉璃脊刹为元代补配。殿内梁架彻上明造，内金柱大量减去，前后槽施用长跨三间的大内额承托四椽栿及前后乳栿上的荷载，上用驼峰、襻间斗栱支承平梁、蜀柱、叉手。前槽阑额设于当心间和两次间，后槽阑额置于当心间以外两侧，后阑额与由额间施斜材负重，近似现代建筑中的“桁架”结构，为辽金建筑中仅有的一例。殿内中部设佛坛，依后槽金柱设佛龛一间，上塑文殊、胁侍菩萨及童子像 5 尊，均为金代原作。殿内两山及后檐墙下绘有明代五百罗汉像壁画 110 平方米。

五台山景观被列入世界文化遗产名录，而佛光寺是 10 处申报点的核心寺庙，是五台山世界遗产地的重要组成部分。其唐代建筑、唐代雕塑、唐代壁画、唐代题记的历史价值和艺术价值很高，被人们称为“四绝”。

佛光寺祖师塔

延庆寺

位置 忻州市五台县阳白乡善文村

时代 金代至清代

类型 古建筑

2006年，被国务院公布为第六批全国重点文物保护单位。

延庆寺始建年代不详，二门外西侧有一汉白玉经幢，末行刊有“景祐二年岁次乙亥拾月辛亥朔拾五日……时建”字样。寺院坐北向南，前、后两进院落，现仅存后院。院内中轴线上现存二门、正殿，两侧有东、西配殿，二门外西侧有一宋代经幢。

正殿面阔三间，进深三间，平面略近正方形。六架椽屋后劄牵用三柱，单檐歇山顶，青灰筒布瓦屋面。正殿全用木柱，檐柱、角柱和山柱共计12根，加设金柱两根。柱子都有生起和侧脚，柱头卷杀明显。柱头铺作后尾三叠华栱，上承六椽。在六椽对着第二排椽和第三排椽的衔接处，置方木承托。从平梁下至六椽背外端，用了一根通长两椽的托脚木来固定，这种节省四椽的结构在中国古代建筑史上是十分罕见的结构形式。前檐明间设板门，次间安直棂窗。

寺外有一石幢，汉白玉石质，高约7米，分为四层，幢身八边形，高187厘米，边长10.5厘米，造型别致。上刻尊胜陀罗尼经，因自然风化，部分字迹不清。

延庆寺为五台地区的佛教文化提供了独特的历史见证，是当地现存传统佛教寺院建筑的杰出范例，展示了鲜明的历史布局和结构特点。该寺将佛教文化与人文景观融为一体，相得益彰，具有较高的历史研究价值。

延庆寺山门

延庆寺正殿正立面

广济寺大雄宝殿

位置 忻州市五台县台城镇东米市街

时代 元代

类型 古建筑

2001年，被国务院公布为第五批全国重点文物保护单位。

据县志和寺内碑载，广济寺大雄宝殿创建于元至正年间，明代改为城隍庙，明宣德八年复为广济寺，清乾隆四十三年（1778）知县王秉韬重修山门三间、地藏菩萨殿三间、大雄宝殿五间。现仅存后院和大雄宝殿。大雄宝殿为元代遗构，余为清代建筑。寺内另存唐代石经幢1座。

大雄宝殿，石砌台基，高1.42米。殿前设有月台，殿身面阔五间，进深六椽，厅堂式构造，单檐悬山顶。殿内梁架彻上明造，梁架为六架椽屋四椽栿对后乳栿通檐用三柱，前槽不设柱，次梢间用大内额承托平梁，后槽仅用粗大的两根内柱支撑，殿内有宽敞的礼佛空间。明间东西缝梁架为四椽栿对乳栿通檐用三柱，内柱为通柱。四椽栿承托于前檐柱头和后檐内柱。四椽栿上设置蜀柱以承平梁，后檐柱头铺作支撑乳栿，乳栿上承橑檐槫，平梁正中竖蜀柱，蜀柱两侧安合楂。大殿的前檐明、次间柱头塑有龙头与独角兽。前檐柱头施单杪四铺作，出假昂，蚂蚱形耍头。前檐补间铺作两侧出45°斜栱。后檐柱头铺作与补间铺作形制相同，皆为单杪四铺作。前檐当心间和两次间皆装隔扇，后檐当心间辟板门一道。前檐明间悬有“大雄宝殿”竖匾一块，字体描金，为清乾隆年间重修广济寺时悬挂。殿内正中悬木匾，上书“天人和益”，为时任五台知县王秉韬所书。殿内扇面墙前后及两山墙设有佛坛，佛坛上塑一佛

广济寺大雄宝殿全景

二弟子二菩萨，背面塑三大士像，两山墙下塑十八罗汉像，虽经后世重妆，但衣饰、造型尚保留元代风格。

广济寺在平面布局、建筑形制、石刻碑文，大雄宝殿在建筑设计、佛像形象、工艺技法等方面都反映了我国元代建筑的典型特色，具有较高研究价值。

广济寺大雄宝殿吞口独角兽

五台山尊胜寺

位置　忻州市五台县茹村乡龙王堂村

时代　民国

类型　古建筑

2019年，被国务院公布为第八批全国重点文物保护单位。

据清康熙二十四年（1685）碑文记载，五台山尊胜寺初名“翠岩山院”。相传唐仪凤元年（676）印度僧人佛陀波利前来唐土朝台时在虒阳岭遇文殊显化，后于唐弘道元年（683）回国取《佛顶尊胜陀罗尼经》，于长安译毕后，仍取道虒阳岭朝台，对原存寺庙进行了扩建，取名“善住阁院”。北宋天圣四年（1026）重建，称“真容禅院”。明万历年间改称“尊胜寺”至今。1922年重建。

寺坐北向南，依山坡而建，占地面积3.23万平方米。中轴线上自南而北依次建有天王殿、大雄宝殿、三佛殿、藏经楼、二十四诸天殿、五方文殊殿、万藏塔楼。现存主体结构为民国初年建筑。寺内存玉佛5尊，脱纱像25尊，黄杨木雕像1尊，石粉像3尊，泥彩塑像293尊，天圣四年（1026）石经幢1座，1934年石经幢1座，明、清维修碑3通。

天王殿面阔五间，进深六椽，后出廊，单檐硬山顶。大雄宝殿面阔五间，进深六椽，前出廊，单檐硬山顶。殿内东、西山墙存彩绘佛传故事壁画60幅。殿内佛坛上塑一佛二弟子，两山墙砖砌佛台上存脱纱罗汉像18尊。三佛殿面阔五间，进深六椽，前出廊，单檐硬山顶。藏经楼面阔三间，进深四椽，副阶周匝，重檐歇山顶。在三大士殿西侧，还立有一座殿楼，下层砖券洞，上层木建，称“三星楼”，楼上原供有福、禄、寿三

五台山尊胜寺经幢

星圣像，楼下层是地藏王殿。七进大殿后面，建有一座砖塔，密檐式结构，塔周十二角，上下九层，高 39 米，其下砌砖券洞，围塔一周，好似围裙。这些券洞共 33 间，原供有 33 尊护法神。

五台山尊胜寺七进大殿两旁，有小院落多处，筑僧房，砌围墙，垒石阶，券门洞，立影壁，形成迂回曲折的布局结构。建筑物的券口上、窗墙上、墀头戗檐砖面上，有砖雕花卉、树木、人物等，游人于寺内漫步有观赏园林景致之感。寺内殿堂楼阁皆备，逐级向上，层叠有致，左右设经楼禅舍，规模宏伟，布局严谨。大雄宝殿台基高耸，建造富丽，具有很高的历史价值及艺术价值。

五台山古建筑群

位置：忻州市五台县北部

时代：明代至清代

类型：古建筑

2006年，被国务院公布为第六批全国重点文物保护单位。2009年，被联合国教科文组织列入世界遗产名录。

五台山古建筑群是东亚乃至世界现存最庞大的佛教古建筑群，位列中国四大佛教名山之首，包括显通寺、碧山寺、塔院寺、菩萨顶4座寺院。

显通寺位于台怀镇杨林村内。始建于东汉永平十一年(68)，初名“大孚灵鹫寺”，与洛阳白马寺同为佛教传入中国时所建的早期寺庙。北魏孝文帝时扩建，唐代重修，并更名为“大华严寺”。明初重建，明太祖赐额“大显通寺”。随后寺僧分裂，塔院寺与菩萨顶分庭独立，自成格局，显通寺仅留中心部分，东向另辟山门，清代又予重建，始成今日规模。寺院坐北朝南，面积约8万平方米，中轴线上依次建有七重殿宇，分别为观音殿、文殊殿、大佛殿、无量殿、千钵文殊殿、铜殿和藏经殿，左、右两侧建厢房配殿、僧舍、厩库、禅堂、方丈院等殿宇楼阁共400余间。现存建筑为明、清两代所建。

大雄宝殿是举办盛大佛事活动的场所，为全寺主体建筑，清光绪二十五年（1899）重建，面阔七间，进深四间，重檐歇山顶，周围廊式。殿身前檐通间用木雕雀替，上饰龙凤图案，雕工精妙。殿内明间悬挂康熙皇帝御书的“真如权应”匾额，还有一块是光绪皇帝亲笔题写的“钦福铭恩”木匾。佛坛上主佛三尊并列，山墙下为十八罗汉，与殿宇为同期遗物。

五台山古建筑群显通寺全景

五台山古建筑群碧山寺毗卢殿（雷音殿）

五台山古建筑群碧山寺缅甸玉佛

无量殿即“七处九会殿”，砖结构建筑，上、下两层，明代建筑，1957 年重修。面阔七间，进深四间，高 20.3 米，砖券重檐歇山顶。殿宇正面每层设 7 个门洞，上嵌砖雕匾额，外檐砖瓦雕斗栱花卉，内雕藻井悬空，是中国砖石建筑的优秀作品。殿内供无量寿佛，存八角十三层木质古塔，高约 10 米。

铜殿为明万历三十七年（1609）铸造，三间见方，高 8 米，重檐歇山顶。殿身比例和谐，青铜鎏金，铸造工艺精湛，柱额花纹，隔扇棂花，全以铜铸勾勒而成。殿内布满小佛万尊，金光闪闪，灼灼照人。殿左右两侧有明万历年间铸造的青铜塔 2 座（原为 5 座，3 座在日军侵华时被盗），高 8 米，八面十三级，满铸佛像，极为精美。

显通寺是五台山最早兴建的寺庙，也是五台山佛教文化生长和发展的中心，是研究中国北方佛教文化的活标本，其中的无量殿是研究中国古代砖券结构鲜有的实例。

碧山寺位于台怀镇光明寺村垚子自然村东北 250 米处，是五台山最大的十方禅寺。创建于北魏，高僧法聪禅师曾在此讲经，明成化年间重建，曾名“普济寺”“护国寺”“北山寺”等。清代多次重修，乾隆年间改名“碧山寺”。宣统二年（1910），乘参、恒修两老修行于此，建一茅蓬，广济十方僧人食宿，又称“广济茅蓬”。寺院坐北朝南，占地面积 1.5 万平方米，殿堂房舍 108 间，分前、后两进院落。前院有天王殿，左右为钟鼓楼，后依次为毗卢殿（雷音殿）、戒坛殿、东西配殿、厢房。

戒坛殿为前院主殿，面阔五间，进深三间，单檐歇山顶，殿内正中青石砌戒坛，长 5.1 米，宽 5 米，高 1.2 米，是五台山唯一的戒坛，为僧侣受戒之地，戒坛基座为早期遗物。坛上塑释迦佛，佛前又置玉佛一躯，结跏趺坐，高约 1.5 米，雕工细致，姿态庄严。殿两侧为脱纱十八罗汉像，塑造精美，神情各异。

五台山古建筑群塔院寺天王殿

五台山古建筑群塔院寺白塔

五台山古建筑群菩萨顶文殊殿

塔院寺位于台怀镇杨林村内，为五台山五大禅处之一。据载，魏唐时期，此为大孚灵鹫寺（显通寺）塔院，明永乐五年（1407），太监杨升奉敕重修，遂独立为寺。嘉靖、万历年间重葺宝塔，清代又增殿堂，始成今日规模。寺坐北朝南，建筑高低错落，主从有致，中轴线上以影壁牌坊为前哨，拾级而上，有山门、天王殿、大慈延寿宝殿、大白塔及藏经阁。殿之两侧有钟鼓楼、伽蓝殿、祖师殿及廊庑等建筑。方丈院、文殊发塔、青龙楼位于其左，占地面积 1.55 万平方米。寺内现存建筑多为明、清遗构。

白塔又称“佛舍利塔”，本名“慈寿塔”。据明万历十七年（1589）《敕建五台山大塔院寺碑》记载，白塔为明万历九年（1581）所修，次年（1582）竣工。塔为覆钵式喇嘛塔，总高 56.3 米。塔基平面呈正方形，高 1.7 米，周设勾栏，基上设束腰须弥座，须弥座上为覆钵式塔身，状如藻瓶，藻瓶上下有宝装式莲瓣披覆。顶部形制复杂，束腰刹座上砌相轮十三重，顶设华盖式露盘，上冠仰月、宝珠，露盘直径约 8 米，沿边饰垂檐板 36 块，全为铜铸鎏金，华盖四周及塔腰悬有风铎 252 枚。白塔整体外形线条柔和，给人以巍峨壮丽之感，现已被人们视为五台山的标志。

菩萨顶位于台怀镇东庄村西南约 500 米处。创建于北魏孝文帝时，称为“真容院”。唐睿宗景云年间僧人法云重修殿堂，并塑文殊像。宋真宗景德四年（1007），敕建五台真容院，建重阁，设文殊像，赐额“奉真阁”。明永乐时曾予改建，称“大文殊寺”，俗称“菩萨顶”。清代菩萨顶香火鼎盛，康熙、乾隆朝台时多宿于此。书匣碑刻遗存丰富，颇具价值。寺分前、后两部，前部居高，并列三院，中院为主体，建有山门、天王殿、大佛殿、文殊殿。山门前有木牌楼，楼下设 108 级石阶。东、西院为僧舍禅堂。后院地势较低，有后殿一座，余皆为僧舍，占地面积 9160 平方米，有殿宇 21 座、禅房 90 间，建筑皆为清代遗构。

大佛殿面阔三间，进深三间，单檐歇山顶，黄、绿、蓝三彩琉璃瓦布顶，前檐置重檐抱厦。文殊殿面阔三间，进深三间，单檐庑殿顶，周围廊式。木牌楼立于山门之前，四柱三门七楼，上下三层，斗栱重叠，黄、绿琉璃瓦相映。

五台山建筑群反映了自唐以来中国各个时期的佛教建筑文化，是研究中国古代佛教艺术的活标本，在中国乃至世界建筑史上占有十分重要的地位。台怀镇集中的数十座寺庙建筑与周边的几十座寺庙建筑共同构成极具气势的佛教建筑群，完整表现了明、清鼎盛时期的建筑文化景观。

罗睺寺

位置　忻州市五台县台怀镇杨林村

时代　明代至清代

类型　古建筑

2013年，被国务院公布为第七批全国重点文物保护单位。

罗睺寺创建于唐，初创时为大华严寺（今显通寺）的十二院之一，名为“善住阁院”，是专供罗睺罗的道场。明成化年间赵惠王重修善住阁院，从大华严寺中独立出来，改名“罗睺寺”。明万历年间重修，清康熙年间进行大规模改建。

寺院坐北向南，平面布局呈目字形，占地面积1.57万平方米。三进院落布局，中轴线上自南而北依次为天王殿、文殊殿、大雄宝殿、大藏经阁，两侧是钟鼓楼、文殊塔、东西配殿和禅房。寺内存明、清塑像近130尊，明、清碑刻9通，明、清石狮3只。天王殿前的月台上置1只雕制于唐代的石狮，造型敦厚，是五台山最大的石狮。

文殊殿面阔三间，进深八椽，单檐歇山顶，四周围廊，殿前设宽大月台。殿内佛坛上供文殊及十八罗汉等清代塑像25尊，造像皆为藏式。大雄宝殿面阔三间，进深八椽，庑殿顶，前设重檐抱厦，檐下施三踩单昂斗栱。藏经阁楼高两层，面阔五间，进深八椽，硬山筒瓦顶，两层均设前廊。殿正中砌有方形佛台，佛台中置圆盘，周围雕有波涛及十八罗汉过江像，圆盘上安木制莲花，内置方形佛龛，四方佛分坐其中。坛下置有绞盘，通过转轴可控制莲花花瓣的开合，称为“开花现佛”。

罗睺寺是五台山佛寺群的重要组成部分，格局比较完整，寺内各建筑经过唐、宋、明、清及近代多次修葺，现存建筑除明、清殿宇、楼阁、碑碣外，还存有数量颇多的塑像、碑刻、楹联匾额等，是唐宋以来，尤其是明清时期五台山佛教文化演变发展的重要实物见证。

罗睺寺文殊塔

罗睺寺“开花现佛”

五台山南山寺

忻州市五台县台怀镇杨柏峪村

明代至民国

古建筑

2019年，被国务院公布为第八批全国重点文物保护单位。

五台山南山寺由佑国寺、极乐寺、善德堂三座寺院组成。创建于元元贞元年（1295），明嘉靖二十年（1541）重建，清乾隆年间、道光十年（1830）、光绪三至九年（1877—1883）重修。民国时期重修改建，并将原来的三寺联为一体，统称“南山寺”。

五台山南山寺坐东向西，依陡峭山势而建，高低错落，层叠有致，下三层为极乐寺，中一层为善德堂，上三层为佑国寺，占地面积33310平方米。寺前有“大方光明”砖雕影壁、“信天由命”牌楼、“三摩地”钟楼、“佛国善地”照壁。佑国寺有天王殿、大雄宝殿和雷音殿等建筑，寺内浮雕众多。极乐寺有天王殿、千佛殿、十方堂、大雄宝殿等建筑，大雄宝殿内有明塑十八罗汉像。

寺内现存主体为明代至民国的建筑，建筑的台阶、门板、墙裙等部位多镶有汉白玉石，上雕各种人物、动物、花卉等图案。南山寺建筑最大的特点是工艺精细。整个建筑物融砖雕、石雕、木雕于一体，主体建筑全用细磨青砖筑就，砖缝细如发丝，横看笔直，竖看规整。

五台山南山寺是五台山地区具有影响力的佛教寺院及保存较为完整的古建筑群，反映了明代至民国时期佛教寺院的典型格局和建筑形制，体现了地方做法及审美追求。寺内石雕雕刻主题丰富，刀工精细，具有较高的历史和艺术价值。

五台山南山寺全景

五台山南山寺石牌楼

五台山南山寺石雕

殊像寺

位置：忻州市五台县台怀镇新坊村

时代：明代至清代

类型：古建筑

1986年，被山西省人民政府公布为第二批省级文物保护单位。

殊像寺原名“殊祥寺”，因大殿内供奉有文殊菩萨骑狻猊真容像，故称“殊像寺”。据碑文记载，寺创建于唐代，元延祐年间重建，后被火焚毁，明成化二十三年（1487）再建，弘治二年（1489）铁林果禅师主持重建大殿，后隆庆、万历，清康熙年间均有重修。现存建筑除大殿为明代建筑外，其余均为清代建筑。

寺坐北朝南，占地面积2.2万平方米。二进院落布局，中轴线上建有天王殿、大文殊殿和后殿（藏经楼），两侧为钟楼、鼓楼、伽蓝殿、祖师殿、客堂及僧舍等。寺内现存明、清塑像483尊，明、清碑7通，明代悬塑300余平方米。

大文殊殿又称“文殊阁”，大木构架及殿内塑像均为明代原物。大殿石砌台基，面阔五间，进深八椽，重檐歇山顶，琉璃瓦剪边，九檩梁架，柱头斗栱五踩双昂，平身科五攒。殿内佛坛正中供奉文殊菩萨像，通高9.87米，是五台山众多文殊像中最高的一尊。两侧为胁侍菩萨，环墙上部悬五百罗汉过江泥塑四层。扇面墙后壁塑南海观音和善财童子悬塑，西南隅塑铁林果禅师塑像，佛龛背面塑药师佛、释迦佛、阿弥陀佛。

殊像寺是五台山五大禅处、十大青庙之一，是研究五台山佛教文化发展的重要实例。大文殊殿内五百罗汉悬塑，具有极高的文化和艺术价值。

殊像寺全景

殊像寺祖师殿

金阁寺

位置 忻州市五台县台怀镇日照寺村

时代 明代至清代

类型 古建筑

1986年，被山西省人民政府公布为第二批省级文物保护单位。

据《资治通鉴》记载，金阁寺创建于唐大历年间，五代以后几经重建，基址未改，但建筑风格已非原貌。明嘉靖四年（1525）重修，清代及民国均有重修或增建，现存建筑为明、清建筑。

寺坐北向南，二进院落布局，中轴线上建有牌坊、天王殿、观音殿（大悲殿）、万佛堂（毗卢殿）和大雄宝殿。前院中轴线上建有天王殿，左右为钟楼、鼓楼，院之中为观音阁。前、后院之间有上、下两层19间楼殿相连，下层为僧舍，上层分别为菩萨殿、罗汉殿、地藏殿、药王殿、玉皇殿、三皇殿、送子观音殿等，殿内塑像有近千尊，人物繁杂。后院主殿为大雄宝殿，面阔五间，内供三世佛，十八罗汉分列两侧，均保存完好。后院东西建配殿，两侧有东西偏院。寺内保存有明、清塑像833尊，明、清、民国碑105通。

观音殿，条石砌台基，面阔七间，进深六椽，二层重檐歇山顶。一层四周围廊，两层之间设有平座，上设勾栏。一层殿内正中供明代铜铸千手观音像，高13.8米，后人于铜像外涂泥一层，将铜像隐于泥层之中。观音像周围二十四诸天环侍。

金阁寺总体布局尚存唐代“高阁在前、殿居寺后”的固有规制，对研究中国早期寺庙布局具有重要价值。

金阁寺牌坊

金阁寺观音殿

圆照寺

位置：忻州市五台县台怀镇杨林村

时代：明代至清代

类型：古建筑

1986年，被山西省人民政府公布为第二批省级文物保护单位。

圆照寺古称“普宁寺”，创建于元至大二年（1309），明永乐年间印度僧人室利沙来华朝台时重建。明永乐十二年（1414）藏传佛教格鲁派祖师宗喀巴的大弟子蒋全曲尔计来五台山弘扬佛法时即居于寺内。明宣德年间室利沙坐化后，分舍利为二，一送北京，建真觉寺；一送五台山普宁寺，并更寺名为“圆照寺”。明嘉靖二十七年（1548）重修。清代多次修葺。

寺坐北朝南，占地面积2.62万平方米。三进院落布局，中轴线上建有山门、天王殿、大雄宝殿、舍利塔、都纲殿（祖师殿）、藏经楼，近年来寺东又新建吉祥茅蓬院。左右建配楼、客堂、僧舍及教学楼。现存为明、清建筑。寺内另存有明、清及民国塑像101尊，明、清及民国碑11通，明代铁钟2口，民国悬塑124平方米。

大雄宝殿，石砌台基，面阔五间，进深八椽，重檐歇山顶。檐下不设斗栱，用额枋与梁头挑承檐出。二层檐下镶有琉璃烧造的十八罗汉及三大士像。殿内佛坛上供有三世佛，两侧为弟子、帝释天、大梵天王、二十四诸天和十八罗汉等塑像。

圆照寺寺门由五门组成，山门三间，掖门两道，五门并列，称为“五朝门”，在五台山诸寺中颇为少见。圆照寺名僧代出，外国文化与汉藏文化融汇，是五台山独具特色的一座寺庙。

圆照寺山门

圆照寺天王殿

龙泉寺

 忻州市五台县台怀镇车沟村

 民国

 古建筑

1986 年，被山西省人民政府公布为第二批省级文物保护单位。

龙泉寺始建于宋代，传说为杨家将的家庙，明嘉靖年间重修，清末至民国初年重建。

寺坐北朝南，依山势而建，寺前建有影壁、台阶和牌坊，寺院主体建于平台上，由东西并列的三座院落组成。东院为主院，三进院落布局，中轴线上建有天王殿、观音殿和大雄宝殿，两侧为钟楼、鼓楼、配殿，院东建有僧舍。中院二进院落，中轴线上建有山门、宗堂殿和祖师殿，二进院内中央建普济禅师塔，两侧各建配殿。西院四合院布局，由山门、文殊殿和东西配殿组成，院中央建普济和尚墓塔。寺院西北约 1 千米的山坡上存宋代令公塔 1 座，传说为宋将杨业的遗骨塔。龙泉寺存明代及民国塑像 56 尊、壁画 86.37 平方米。

牌坊为汉白玉石牌坊。石砌台基，宽 11.7 米，进深 4.6 米，四柱三门，三个楼头，分上下两层，中楼高大，两耳楼偏低。牌坊通体雕镂镌刻，前后垂檐和三门的拱房都采用镂空雕法，玲珑剔透。中门拱券上雕有“二龙戏珠”，两耳门的拱券上雕有花草、仙桃、柿子、毛笔、拂尘、纸扇、宝镜、书籍等。石牌楼四根方柱的四个石墩，里侧顶端各雕 20 多个小石狮，外侧雕有龙纹图案。

普济和尚墓塔为喇嘛式，通体汉白玉，为五台山现存最精

龙泉寺石牌坊

龙泉寺普济和尚墓塔

致的石塔。下部为方形束腰基座，凹处均匀雕刻着 108 穹小佛像，上下两层分别为覆莲与仰莲。基座四角雕镂金刚像，俗称“四大金刚鼎主塔”。八角形须弥座上雕刻各式佛教内容的装饰物，做工精细，每个角上均有一位顶塔力士。塔钵呈鼓形，四周筑有壶门，门内各雕佛像一尊，皆为大肚笑口的弥勒形象。壶门以外空间，雕刻经文。塔钵与十三天之间做成八角屋檐的形式，椽飞、斗栱各种构件齐全，犹如一柄撑开的大伞，使整个塔的建筑气魄更加宏伟。这种建筑手法在全国同类实物中堪称独有，弥足珍贵。塔刹原为铜造，今已不存，只剩下石制覆盘。

龙泉寺内石牌坊、普济禅师塔、影壁及建筑上装饰的汉白玉雕刻为五台山民国时期石雕精品，具有相当高的艺术价值。

徐氏宗祠

位置　忻州市五台县建安镇大建安村

时代　民国

类型　古建筑

2021年，被山西省人民政府公布为第六批省级文物保护单位。

徐氏宗祠始建于清同治年间，后毁于兵事战乱。徐氏族人于1933年重建。徐氏宗祠坐北朝南，一进两院。正南有高大照壁1座，左、右仪门各1座。大门面阔三间，进深四椽，前院左、右厢房各三间。一、二院之间设垂花门1座。二院左右厢房各三间，北为正殿。

前院（一院）临街筑有砖瓦影壁，东西侧门为二柱九踩牌坊式木栅。院中分立双斗旗杆，是当年徐继畲获头品顶戴时同治帝所赐。正门上悬“徐氏宗祠”，原为赵铁山手书，两侧立石阴刻《五台徐氏家训》及先贤功德。西厢房三间是接待室，东厢房三间为存放祭祀用品的库房。

北院（二院）二门为二柱牌楼式，门侧石鼓对称。正殿为祭祀大厅，正墙悬挂鼻祖若木、始祖才甫及一至五世祖牌位和后辈名人画像，陈列着同治帝赐予徐继畲的半副銮驾（仿制）。抱厦三厅上悬“祖德宗功”，两边圆柱有“祠宇尊崇缉缉螽斯食先德，声灵赫濯绵绵瓜瓞启后昆”的楹联。西厢房三间是文化研究会办公室，东厢房三间是阅览室。一、二院之间的垂花门，斗栱九踩，悬山顶，灰瓦布顶。二院左右厢房各三间，硬山顶，灰瓦。正殿左右有耳房各一间。正殿面阔五间，进深四椽，前设卷棚抱厦三间。

徐氏宗祠全景

徐氏宗祠牌楼“追远”

徐氏宗祠是五台县境内保存较为完整的民国风格建筑，建筑布局严谨、合理，体现了民国时期宗祠建筑的基本格局和建筑形制特点。五台徐氏人才辈出，徐氏家风是厚重的中华优秀传统文化精华，极具研究推广价值。

阿育王塔

位置　忻州市代县上馆镇东北街村东大街北

时代　元代

类型　古建筑

2001年，被国务院公布为第五批全国重点文物保护单位。

据县志记载，阿育王塔原为圆果寺内建筑，创建于隋仁寿元年（601），初为木结构，唐会昌五年（845）“灭法”时被毁，唐大中元年（847）、宋元丰三年（1080）、崇宁元年（1102）重建，元至元十二年（1275）改建为砖塔。1937年日军拆毁寺院，仅存砖塔。

阿育王塔为喇嘛式砖塔，通高40米，占地面积1876平方米。塔平面呈圆形，砖石砌台基，底径20米，高1.5米。台基上设束腰基座，刻有仰覆莲瓣及缠枝花纹。塔身为圆形覆钵，塔刹分为刹座、相轮、伞盖和宝珠，刹座须弥式，座中心矗立铁质刹杆，砌相轮十三层，上置圆形露盘，状为伞盖，极顶置宝珠，上下叠置。

阿育王塔造型秀美，稳健挺拔，砖雕艺术高超，是现存喇嘛塔早期作品的实例和典范。

阿育王塔局部

阿育王塔正立面

边靖楼

位置 忻州市代县上馆镇西北街村

时代 明代

类型 古建筑

2001年，被国务院公布为第五批全国重点文物保护单位。

边靖楼又称“鼓楼”“谯楼”，创建于明洪武七年（1374），成化七年（1471）遭火焚，成化十二年（1476）重建主楼、增扩基座，清代屡有修葺。

楼坐北向南，通高40米，占地面积2402平方米，是代州古城最高的古建筑，由砖砌城台、木构楼阁和登台步道三部分组成。

城台底面东西长48.61米，南北宽39.57米；顶面东西长45.1米，南北宽35.97米；高8.9米，通体城砖包砌，白灰粘合。城台正中筑券洞一孔，高6.8米，宽6.7米，可通行人车辆。城台东北部筑长25.09米、宽6.24米的斜坡马道，两侧有栏墙，高0.76米，砖砌台阶62级。马道首尾各建山门一道，直通城台之上。

木构楼阁为三层四重檐，通高26.39米。每层面阔七间，进深五间，四周围廊。第三层为重檐，顶檐为歇山顶。一层平面有三圈柱网，里圈通天柱，中圈永定柱，厚墙封护，外圈廊柱。台基高一踏，明间前后设板门，檐下悬“晋北形胜”横匾。二层倚柱设勾栏，明、次间前后皆置隔扇，梢间砖券圆窗，两山面砖券圆顶小门。三层于勾栏之下加平座，明、次间敞开无门窗，梢间和两山面均置格心窗。第三层檐下前悬巨匾，楷体书曰“声闻四达”，后匾书曰“威镇三关”。第四檐下巨匾草

边靖楼

书“雁门第一楼”。各匾题字或凝重遒劲，或豪放飞动，倍增边靖楼雄伟壮观之气势。

边靖楼是古代州城的制高点，是古代州的象征，也是历史上重要的军事建筑。楼内梁架精巧，斗栱规整，结构合理，充分体现了明中叶的建造艺术水平。历代题诗、碑碣荟萃，匾额题字硕大罕见，书法艺术高超，尤为珍贵。

边靖楼马道和楼身

边靖楼“威镇三关”匾

代县文庙

位置 忻州市代县上馆镇文庙街

时代 明代至清代

类型 古建筑

2006年，被国务院公布为第六批全国重点文物保护单位。

代县文庙创建年代不详，元至正十八年（1358）毁于兵火，至正二十七年（1367）重建，明洪武二年（1369）竣工，成化、嘉靖及以后历朝均有重建和增建，清代多次修缮。

文庙坐北向南，占地面积1.58万平方米，三进院落布局，中轴线上依次建有万仞坊、棂星门、泮池、戟门、大成殿和敬一亭，轴线东侧有名宦祠、崇圣祠和东廊庑，西侧有乡贤祠、节孝祠和西廊庑。现存建筑为明、清遗构。庙内保存有古树2棵、清代重修及布施碑9通、民国重修碑3通。

万仞坊为四柱三楼冲天歇山式琉璃瓦顶牌楼，明楼为十一踩五翘品字式斗栱，次楼为九踩四翘品字式斗栱，明楼走马板背面上题楷书“万仞宫墙”四字。

棂星门位于万仞坊之后，为六柱五楼冲天歇山式琉璃瓦顶牌楼。明楼斗栱十一踩，单翘四昂式，次楼为九踩单翘三昂式，边楼为五踩重翘式。明楼走马板上题楷书“棂星门”三字。

泮池石桥，位于棂星门与戟门之间，为半圆形石砌水池，上架南北向三孔拱桥。

戟门位于泮池石桥与大成殿之间，面阔五间，进深六椽，梁架为七架梁分心用三柱，斗栱为三踩单翘品字式，单檐歇山琉璃筒板瓦顶。

大成殿为庙内主殿，面阔七间，进深八椽，斗栱为九踩单

代县文庙棂星门

翘三昂式，梁架为七架梁前后单步梁，单檐歇山顶。大殿建在 1.2 米高的台基之上，殿前筑有与台基等高的宽敞月台，并设有御路，东西两侧各置台阶六步，三面围以石勾栏。殿内为井字天花海漫，明间置方形藻井一眼，由下至上共计四层，顶部为圆形团龙盖顶，各层均以十一踩至十三踩不等的小木作斗栱出跳支撑，层层缩小，直至顶部。大殿除尽间筑墙外，其余各间均为六抹隔扇门，条环板、裙板作雕饰，隔扇菱花雕刻式样达 12 种。

代县文庙代表了晋北地区大中型庙宇建筑的平面总布局，是山西省境内保存至今比较完整且规模最大的明代儒教祭祀性建筑群，是当地民众传承儒家思想的重要场所，体现着当地居民对孔子的信仰及对知识的追求，反映了中华传统文化的浓厚积淀。

代县文庙戟门

代县文庙大成殿

长城

位置 忻州市代县、岢岚县、繁峙县、宁武县，朔州市山阴县

时代 北齐、明代

类型 古建筑

2001年，被国务院公布为第五批全国重点文物保护单位，其中“雁门关段”位于山西省代县。

2019年，国务院将“长城新广武村段、荷叶坪—王家岔段、竹帛口段、阳方口段”归入第五批全国重点文物保护单位。地址为山西省山阴县、岢岚县、繁峙县、宁武县。

山西省长城分布于大同市、朔州市、忻州市、吕梁市、阳泉市、晋中市、长治市、晋城市等8市39县（市、区），包含墙体、关堡、单体建筑、相关遗存等多种类型，涉及战国、汉（秦汉）、北魏、东魏、北齐、隋、五代、明、清等历史时期。

山西省长城修筑自战国始，延续时间达两千余年，从长平之战后至清代均有修筑，而又以明代为多。明代设外长城以御边、内长城以卫京畿，北部边境设“九边”，其中畿辅重镇大同镇、山西镇位于山西境内。

战国长城遗存分布于山西省东南部的长治市、晋城市2市3县（市、区）。汉长城遗存分布于大同市、朔州市2市3县。北魏长城遗存分布于大同市。东魏长城遗存分布于忻州市。北齐长城遗存分布于大同市、朔州市、忻州市、吕梁市、晋城市等5市15县（市、区）。隋长城遗存分布于忻州市。五代长城遗存分布于晋城市。明长城遗存分布于大同市、朔州市、忻州市、阳泉市、晋中市、长治市等6市31县（市、区）。清代长城遗存分布于临汾市。

雁门关长城远景

固关长城远景

雁门关段（明代）

雁门关段位于忻州市代县西北25千米处的勾注山巅，由山阴县新广武向西南，进入代县境，起点为雁门关乡白草口村东3千米处，止点为白草口村西北1.5千米处，全长约4218米。墙体有夯土、砖砌、石砌三种，其他遗存有关、堡、敌台、烽火台。其中雁门关堡位于雁门关乡雁门关村中，又名“西陉关”，以“险”著称，有“天下九塞，雁门为首”之说，是长城上的重要关隘，与宁武关、偏关合称为“外三关”。平面呈不规则形，东西长约500米，南北宽约200米。墙体为土、石、砖混筑，外侧包砖。有东、北两座城门，包砖、基石俱存，东城门砖券顶，南面额书“天险”；北城门砖券顶，门额书“地利”，门外设一瓮城，东北向开一城门洞。

新广武村段（明代）

新广武村段长城位于朔州市山阴县张家庄乡新广武村，长2096米，呈东北—西南走向，采用白色石块或者片石垒砌而成。墙体断面近三角形或梯形，为石块和土壤混合的垄状遗存。

荷叶坪—王家岔段（北齐）

荷叶坪—王家岔段位于忻州市岢岚县王家岔乡武家坪村，长1307米，呈东北—西南走向。该段长城多为石墙，采用青灰色石灰岩石块垒筑而成，中填碎石，垒砌齐整。墙体两侧墙面上存有七八排方形椽孔，呈梅花点状排列，断面呈梯形，部分椽孔遗存有朽木杆。另有土墙、山险、河险等。

竹帛口段（明代）

竹帛口长城又名“韩庄长城”，位于忻州市繁峙县神堂堡乡韩庄村，紧邻108国道。从神堂堡乡韩庄村东南2千米山峰中腰起，顺山脊而下，跨河谷，缘山脊北上，止于韩庄村东北1千米处山峰中，总长度约2240米。长城随蜿蜒起伏的山势修筑，砖石结构，每隔一段设敌台，每台以“茨字”编号，从韩庄村东“茨字贰拾贰号”起，按从北到南的顺序编号，至“茨字叁拾肆号”止，共13座敌台。

阳方口段（明代）

阳方口段位于忻州市宁武县北约13千米处，是明长城山西镇的重要组成部分。阳方口段包括墙体、堡、烽火台、敌台、关口、壕沟等系统。西长城仅存夯土残墙和土筑墩台，东长城尚存部分砖砌墙体，并有3座砖砌空心敌楼保存较好。空心楼利于官兵藏身、物资储备，极大地提高了防御力、战斗力。阳方口堡

阳方口段长城

城平面略呈梯形，原有南北门各一，现存城北砖券拱门，有“山西镇中路第一冲口”之称。

山西长城的营造基本涵盖了中国历史发展的主要时代，系统地揭示了区域内长城建筑的时空发展与演变。其选址布局用险制塞，与自然地理环境有机统一，是历代军事战略思想和防御理论的综合体现。其建造因地制宜、就地取材，建造工艺、材料多样，体现了中国长城形制的丰富性与多样性。

东段景遗址

位置 忻州市代县聂营镇东段景村

时代 新石器时代、夏代、战国

类型 古文化遗址

1986年，被山西省人民政府公布为第二批省级文物保护单位。

东段景遗址地处滹沱河南岸的阶地上，海拔870—905米，遗址面积45.6万平方米，包括新石器时代仰韶时期、龙山时期、夏代、战国等不同时期的遗存堆积。

遗址仰韶时期遗存较少，主要集中于仰韶中期。龙山晚期遗存较为丰富，遗迹有灰坑、陶窑，遗址东段曾发现有4座宽2米、深1.5米的灰坑。地表采集到的该阶段遗物有大量的陶片、石器。陶片纹饰多见粗、细绳纹，篮纹，附加堆纹，三角棱纹等。石器多为磨制石器，如石斧、石铲、石刀等，还有少量动物骨骼、牙齿等。夏时期遗存采集有爵、鬲、实足瓮等。遗址内发现战国时期遗存以墓葬为主，随葬器物有陶罐、陶壶、陶鬲、陶豆、陶碗等，陶质有夹砂灰陶、泥质灰陶等。

东段景遗址是研究晋北地区新石器时代文化的重要遗存。

东段景遗址鸟瞰

广武古城遗址

位置：忻州市代县阳明堡镇古城村西

时代：战国及秦汉

类型：古文化遗址

2021年，被山西省人民政府公布为第六批省级文物保护单位。

广武古城城址平面呈长方形，南北长约2500米，东西宽约2000米，分布面积约500万平方米。现存东墙残长820米，西墙残长1720米，南墙残长260米，北墙残长1530米，基宽3—19米，顶宽0.8—7米，残高1—7米。

遗址城墙墙体为土质夯筑，夯层厚0.05—0.14米。城内街道建筑布局基本保留原制。曾发现有新石器时代的鬲、豆、罐、碗、壶等陶器，还有战国时期的青铜器及部分秦汉遗物。

广武古城遗址是历史上汉民族与北方少数民族发生战争的重要地带，具有重要的军事防御功能，为古代州三十九堡十二联城之一。对于研究战国至北魏时期的城池建筑、军事防御体系、历史文化变迁以及民族交流融合等具有重要价值。

广武古城遗址远景

晋王墓

位置　忻州市代县阳明堡镇七里铺村

时代　五代

类型　古墓葬

2004年，被山西省人民政府公布为第四批省级文物保护单位。

李克用（856—908），唐末五代初年突厥人，原姓朱耶，后归顺唐朝，赐姓“李”，名“克用”。唐乾宁二年（895）封爵晋王，后梁开平二年（908）卒后葬于雁门。

晋王墓又称“李克用墓”，坐北向南。原墓封土堆周长60米，高10米。1975年封土被夷平，1989年清理发掘。墓室平面呈圆角方形，东西长9.65米，南北宽9.45米，以条石仿木结构砌筑，石券穹隆顶，高约7.6米。墓道清理部分宽3.2米，长度不详。墓壁有彩绘石雕门窗，墓内砌须弥座棺床。出土有人骨、除鼠以外的石雕十一生肖像、石雕怪兽、开元通宝钱、骨器、墓志等，地表存石羊1尊、墓顶石1块。墓内出土文物现藏于代县博物馆。

晋王墓的墓主是唐末五代历史上的重要人物。晋王墓的发现对于研究唐末五代高级别墓葬的葬制葬俗，五代初期的政治经济、社会文化、建筑形制及历史人物李克用的生平等提供了珍贵的实物资料。

晋王墓

晋王墓石羊

永和堡等三十九堡军事防御遗迹

位置　忻州市代县东、西、南、北

时代　汉代、隋代、唐代、宋代、明代

类型　古建筑

2004年，被山西省人民政府合并公布为第四批省级文物保护单位。

永和堡等三十九堡军事防御遗迹是雁门军事防御体系第二道防线，以代州城为中心，沿滹沱河一线人口聚居区，依州城主要干道，按五里一堡、十里一铺的布局构筑，形成严密的联防系统。据县志记载，县城西设四堡，分别是七里铺、马站、古城、大茹解；城西北设六堡，分别是下田、上田、花庄、宇文、长郝、官院；城西南设七堡，分别是堡子、土堡、赵村、徐村、泊村、沿村、小茹解；城东设四堡，分别是平城、二十里铺、门王、下社；城东北设七堡，分别是磨坊、朴村、赤土沟、马村、三家村、望台、鹿蹄涧；城东南设六堡，分别是高村、金盘、选仁、下庄、东章、黑山庄；城南有花园堡；城镇有阳明堡、广武、峨口、聂营，合为三十九堡。至明代，许多堡、铺已废弛，遂于通衢要路处，重修或新筑为十二堡，亦名“十二联城”。据第三次全国文物普查，现存堡址13处，即平城堡址（清平堡）、鹿蹄涧堡址、西村堡址（枣林堡）、段村堡址、永和堡址、赤土沟堡址、下社堡址、宇文堡址、阳明堡址、马站堡址（清宁堡）、东章堡址、二十里铺堡址（清泰堡）、清淳堡址（磨坊堡）。

永和堡位于代县枣林镇西马村中。现存平面呈方形，边长约150米，分布面积约2.25万平方米。东、西、北三面

永和堡

墙体断续残存，基宽 0.6—3.8 米，顶宽 0.4—2.6 米，残高 2.1—6.2 米。墙体夯筑，夯层厚 0.08—0.17 米，夯层中夹有碎石。现存东门 1 座、角楼 1 座。东门石匾题有“明嘉靖二十二年”款。

阳明堡位于代县阳明堡镇堡内村。相传始建于宋治平年间，明代增修。平面呈长方形，东西长约 500 米，南北宽约 300 米，分布面积约 15 万平方米。现存东墙残长 50 米，南墙残长 60 米，北墙残长 10 米，底宽 1.9—4.6 米，顶宽 1—2.1 米，残高 0.6—4.2 米。墙体土质夯筑，夯层厚 0.08—0.17 米。

永和堡等三十九堡军事防御遗迹对研究明代边区军事防御体系、建筑工程、社会管理具有重要价值。

洪济寺砖塔

位置 忻州市代县上磨坊乡东若院村

时代 宋代

类型 古建筑

2004年，被山西省人民政府公布为第四批省级文物保护单位。

洪济寺砖塔又称“浮屠塔”，创建年代不详，原为洪济寺内建筑，现寺毁，仅存塔，为宋代风格。

砖塔坐北向南，占地面积5.85平方米。塔为六边形，单层，残高4米，底边长1.5米。下部为砖砌束腰须弥座。塔身各边向内凹，各面依次装饰四抹头仿木构隔扇门、三交六椀方窗、卷草纹空格心方窗、板门、卷草纹空格心方窗、三交六椀方窗，门窗之上装饰卷草纹、帷幔。塔檐为仰莲叠涩，上承束腰须弥刹座，塔刹下部为仰莲，上部已毁。塔顶中段饰有锐喙、圆眼、口鸣等图案化十分强烈的鸟纹和太阳纹。

洪济寺砖塔是具有花塔特征的亭阁式塔，是晋北早期砖塔的实物资料，具有较高的价值。

洪济寺砖塔远景

洪济寺砖塔

代县钟楼

位置　忻州市代县上馆镇东北街村东大街

时代　明代

类型　古建筑

2004年，被山西省人民政府公布为第四批省级文物保护单位。

据县志载，钟楼建于明洪武七年（1374），明万历十四年（1586），清康熙四十八年（1709）、咸丰二年（1852）多次维修，现存建筑为明代遗构。

钟楼坐北向南，占地面积364平方米，为二层三檐砖木结构楼阁式建筑。楼建于一方形台基上，底边长17.5米，基高3.8米。楼身平面呈方形，面阔五间，进深四椽，十字歇山顶。一层重檐，四周围廊，正中辟门，一重檐下斗栱为三踩单翘，二重檐下斗栱为五踩单翘单昂。二层檐墙砖砌，四面设四抹头隔扇窗，檐下斗栱为七踩单翘重昂。楼身西侧设有登楼步道，延伸至钟楼巷路沿，置有砖木结构楼门。

楼内现存金大定二十八年（1188）铁钟1口，钟口直径1.66米，上铸铭文“金大定二十八年岁次戊申八月十三日”。该钟是从今繁峙县天延村灵岩院移来的。楼内还存有清维修碑2通。

钟楼作为军事预警设施，和边靖楼共同反映了代县在明代长城防御体系中的重要地位。

代县钟楼

代县钟楼铁钟

洪福寺砖塔

位置：忻州市代县峪口乡峪口村西

时代：明代

类型：古建筑

2004年，被山西省人民政府公布为第四批省级文物保护单位。

洪福寺砖塔是原洪福寺后院遗存，寺庙毁于战事，仅存塔。塔修建于明嘉靖四十五年（1566），坐北向南，占地面积75.7平方米。

砖塔为八角楼阁式，五层，通高约19米，由塔基、塔身和塔顶组成。塔基分三部分，底层为石条砌筑的正方体，铺设五步踏跺，直抵塔座中层之券洞门。中层下部每面两侧浮雕金刚各1尊，南侧辟券门成塔室，券门门楣嵌有“弥陀海会”石匾，室内有旋转楼梯，可攀至塔顶，室内顶部为八角叠涩藻井。上部分两层，第一层每面雕屋形龛9个，龛内雕坐佛各1尊，第二层每面置5块栏板，内雕立像各一，栏板上为仰莲座承塔身。塔身平面呈八边形，五层中空，每层塔檐下设仿木砖雕斗栱，五踩重翘，各层四面均设有券洞。塔顶为八角攒尖顶，中央设覆钵、宝珠塔刹。

洪福寺砖塔造型别致，内部可登临，是代县明代砖塔的代表作，也是研究晋北砖塔建筑的实物资料。

洪福寺砖塔

洪福寺砖塔券门

杨忠武祠

位置 忻州市代县枣林镇鹿蹄涧村

时代 明代

类型 古建筑

1996年，被山西省人民政府公布为第三批省级文物保护单位。

杨忠武祠亦称“杨令公祠”，俗称“杨家祠堂”，是杨业后代为祭拜杨业夫妇暨杨氏后代英烈而建立的祠堂。祠创建于元至元十六年（1279），泰定元年（1324）立鹿蹄石，元天历二年（1329）杨怀玉奉旨建造杨忠武祠，明嘉靖二十九年（1550）重建，清代屡有续建、重修。

祠堂坐北朝南，占地面积1134平方米，二进院落布局。中轴线上依次有戏台、祠门、过厅、正殿，一进院、二进院东西两侧分布有东、西厢房。正殿坐落于1米高的砖石台基上，面阔三间，进深五椽，前出廊，单檐硬山顶，前檐明间四扇六抹隔扇门，次间施四扇四抹隔扇窗，明间廊柱悬清道光二十七年（1847）木刻楹联。殿内设坛，奉杨业、佘太君像及22尊杨家将塑像。

祠门前保存有旗杆1对、石狮1对、国槐2棵。二进院内保存有元泰定元年（1324）鹿蹄石1件，杨家祖茔金代石狮1只，元、明、清时期石碑各2通，现代石碑5通。碑刻记述了杨家业绩和建祠经过，并列有宗祖图谱和杨氏家族宗系等。

杨忠武祠是一处规模较大的供奉杨业、佘太君及杨家将的宗祠，是全国现存唯一一处由杨氏后裔主持建造的宗祠，祠内保存有较丰富的元、明、清时期碑刻、匾额、楹联及有纪年的鹿蹄奇石，对于研究杨家将历史事迹、杨氏宗族文化传承以及鹿蹄涧村历史发展，具有重要的价值。

杨忠武祠全景

杨忠武祠祠门

赵杲观

位置：忻州市代县新高乡洪寺村

时代：明代至清代

类型：古建筑

1996 年，被山西省人民政府公布为第三批省级文物保护单位。

赵杲观又名“天台寺”。相传春秋末，赵襄子灭代，代君夫人自杀，其余姬妾由丞相赵杲引护外逃，隐居天台山，后人念其功德，建祠祀奉。观创建于北魏，明成化、万历年间重修，清康熙年间增修，1921 年维修。

观分南、北两洞，占地面积 2220 平方米。现存北洞为主要建筑群，包括三进院落。第一进院为山门、圣母殿，第二进院为山门、窑洞，第三进院为正殿、东西耳殿、东西配殿、韦陀阁、朝圆洞及山门。半山腰自西向东还分布有老祖洞、玄女洞、仙阁登云洞及药王殿。观内保存有明代石经幢 1 座，明、清、民国时期碑碣 23 通，民国旗杆石 1 对。

正殿即大雄宝殿，明代建筑，石砌台基，基宽 9 米，深 6.9 米，高 0.65 米，面阔三间，五檩无廊式构架，硬山顶，前檐明、次间分别设有四扇隔扇门。南洞建筑群在北洞南面山峰的半山腰，分布有山门、窑洞 2 孔、禅房 3 间。

赵杲观于悬崖峭壁间利用石洞开设窟龛、构筑建筑，体现了中国古代建筑因地制宜的建造传统，是明清时期山地建筑的实物遗存。观内保存有明、清及民国时期丰富的石质文物，记载了明代以来赵杲观修缮和增建的信息，具有相当历史价值。

赵杲观全景

赵杲观大雄宝殿

阳明堡羊舌祠

位置：忻州市代县阳明堡镇

时代：明代

类型：古建筑

2021 年，被山西省人民政府公布为第六批省级文物保护单位。

阳明堡羊舌祠原是祭祀春秋时期晋国羊舌肸大夫的祠堂。相传晋国时期阳明堡附近遭遇百年不遇的特大旱灾，大夫羊舌肸押解一批犯人路过此地，见状甚为痛心，遂组织祈雨，后果降大雨，百姓感恩戴德，故将城取名“羊头城”，后改为“阳明堡”，并修建了羊舌祠。祠创建年代不详，据祠内碑刻记载，明景泰四年（1453）重建，成化十四年（1478）重修，清乾隆、嘉庆、光绪年间屡有修葺。

祠堂坐北向南，占地面积 2907 平方米，二进院落布局，中轴线上建有山门、大殿（金殿）、正殿，两侧为僧舍和东西配殿。大殿砖砌台基，面阔五间，进深六椽，单檐歇山顶，梁架为五架梁压前后单步梁通檐用四柱。正殿分前后两部分，前部三间抱厦，卷棚歇山顶；后部面阔九间，进深四椽，单檐硬山顶，五架梁通搭前后檐用两柱。祠内现存明碑 2 通、清碑 9 通。

阳明堡羊舌祠是晋北地区有重要影响的古祠堂，且保存了有明确纪年的明、清时期木构遗存，对研究羊舌宗族祭祀和北方祠堂建筑具有重要意义。

阳明堡羊舌祠大殿

阳明堡羊舌祠正殿

繁峙正觉寺大雄宝殿

位置 忻州市繁峙县繁城镇滹源街

时代 金代

类型 古建筑

2013年，被国务院公布为第七批全国重点文物保护单位。

繁峙正觉寺创建年代不详，宋称“天王院”，北宋宣和三年（1121）朝廷赐名“正觉禅院”，明代属五台山北台外九寺之一。寺院原址位于滹沱河南岸旧城西关，明万历四十一年（1613）迁至现址。寺内仅存大雄宝殿，为金代遗构。

大雄宝殿为石砌台基，面阔五间，进深三间，单檐歇山顶，建筑面积243平方米。明间柱头铺作为五铺作单杪单下昂重栱计心造，昂形耍头，梁架为六架椽屋乳栿压四椽栿用三柱。大殿东壁、北壁保存壁画120平方米，为明万历年间所绘。

繁峙正觉寺大雄宝殿结构古朴，保存有金代风格，是研究晋北地区早期建筑的珍贵实物资料。

繁峙正觉寺大雄宝殿

繁峙正觉寺大雄宝殿梁架结构

岩山寺

位置 忻州市繁峙县东山乡天岩村

时代 金代、明代、清代

类型 古建筑

1982年，被国务院公布为第二批全国重点文物保护单位。

岩山寺，古称“灵岩寺”“灵岩院”，创建年代不详，据寺内碑文记载，宋元丰二年（1079）已建有寺院，金正隆三年（1158）重建并绘制弥陀殿水陆壁画，元、明、清时期均有重修和增建。

寺坐北向南，占地面积4000余平方米。中轴线上存文殊殿、大雄宝殿，东西两侧存有马王殿、牌楼、伽蓝殿、地藏殿、钟楼。寺内还存有宋代经幢、香炉，金代塑像、香炉，元代香炉，明成化铁钟，金、明、清碑等。

文殊殿又称“菩萨殿”，因供奉文殊像得名，为金代遗构。殿身面阔五间，进深六椽，单檐歇山顶。柱头四铺作单昂、计心造，当心间、次间各用补间铺作一朵。殿内四壁均绘有壁画，为金代御前承应画师王逵及王道等人所作，完工于金大定七年（1167），总面积90余平方米。西壁内容为佛传故事；东壁除绘有佛、菩萨、弟子和金刚外，多为佛本生及经变故事；北壁西侧为五百商人航海遇难故事，东侧为七宝舍利塔院。

伽蓝殿和地藏殿为明代遗构，均面阔三间、进深四椽，单檐悬山顶。

岩山寺保存有金代建筑、彩塑、壁画等，类型多样。其中壁画是传世的金代宫廷画师界画作品，规模大、艺术水平高，是我国寺观壁画的精品，代表了金代高超的绘画技艺，是研究古代建筑、宗教艺术的珍贵资料。

岩山寺文殊殿

岩山寺文殊殿倒坐观音

岩山寺文殊殿西壁壁画

三圣寺

位置 忻州市繁峙县砂河镇西沿口村

时代 金代至清代

类型 古建筑

2006年，被国务院公布为第六批全国重点文物保护单位。

三圣寺始建年代不详，据重修梁记、碑记记载，元代修缮大雄宝殿。明弘治八年（1495）、正德三年（1508）先后维修地藏殿。清乾隆三十九年（1774）重修大雄宝殿。清嘉庆二十一年（1816）、同治九年（1870）先后对寺庙进行了较大规模的维修。

寺坐北向南，占地面积2521平方米。二进院布局，中轴线上依次为山门、地藏殿、大雄宝殿。山门两侧为钟鼓楼，地藏殿前东、西两侧为奶奶殿、马王殿，大雄宝殿前东、西两侧为二郎殿、关帝殿，大殿月台下东、西两侧为伽蓝殿、真君殿，寺旁东偏院现存禅房数间。寺内另存明、清重修碑及布施碑7通，明成化十七年（1481）八棱经幢1座。

大雄宝殿为金代遗构，砖石台基，前设月台，高1.15米，面阔三间，进深三间，单檐歇山顶。明、次间为六抹隔扇门，柱头为五铺作单杪单下昂，殿内彻上明造，四椽栿通达内外。殿内东、西、北三壁有清代佛传故事壁画，东、西两壁满绘经变说法图，北壁绘四大金刚，绘制面积78.12平方米。殿内有砖砌佛坛，上塑华严三圣、胁侍、护法等清代塑像。

地藏殿面阔三间，进深六椽，单檐悬山顶，内塑地藏菩萨、闵公、道明、四大天王、降龙伏虎、倒坐观音等彩塑。四壁绘制壁画，东西两壁为十殿阎君，南壁为“左三司”“右三

三圣寺鸟瞰

司”，北壁为观音图，绘制面积 66 平方米。

三圣寺坐落在通往五台山要道的砂河镇附近，是前往五台山途经的重要佛寺之一，是研究五台山佛教文化的重要实物资料。寺内保存有丰富的壁画、造像，对研究明清时期的宗教艺术有重要意义。

三圣寺大雄宝殿

公主寺

位置　忻州市繁峙县杏园乡公主村

时代　明代至清代

类型　古建筑

2006年，被国务院公布为第六批全国重点文物保护单位。

公主寺创建年代不详，据寺内碑文记载，公主寺原址在山寺村，明代迁于现址。因北魏文成帝第四女诚信公主出家于此，故名。明弘治十六年（1503）重修，正德元年（1506）落架重修过殿（南殿）并塑像。清康熙三十二年（1693）、雍正九年（1731）、同治八年（1869）重修关帝殿和南面的戏台。清康熙五十二年（1713）、嘉庆二十二年（1817）重修大雄宝殿。清咸丰七年（1857）创建奶奶殿和戏台。

寺坐北向南，三进院布局，占地4000余平方米。中轴线上依次为山门、过殿（南殿、毗卢殿）、韦陀殿、大雄宝殿、大佛殿。山门东西两侧建有偏院，东院北建关帝殿三间，南建戏台三间；西院北建奶奶殿三间，南面亦有戏台三间。大雄宝殿、大佛殿两侧还建有配殿和禅房。现存过殿（毗卢殿）、大雄宝殿、大佛殿为明代建筑，余皆为清代所建。

过殿面阔三间，进深三间，单檐歇山顶，柱头科五踩双昂，殿内供毗卢佛，文殊、观音、普贤菩萨，十八罗汉等像，彩塑上方皆为悬塑，内容为释迦牟尼从降生到成佛的不同时期的各种故事。

大雄宝殿砖石台基，面阔三间，进深六椽，单檐悬山顶，七檩无廊式构架。殿内明、次间设佛坛，坛上有释迦、药师、阿弥陀佛，释迦佛两侧有迦叶、阿难二尊者。殿内四壁绘水陆

公主寺全景

画。东壁以南无卢舍那佛为主，有四大菩萨、四大天王、四海龙王、天龙八部、十八罗汉等；西壁以南无弥勒佛为主，有金刚神众、北斗星神众、天蓬大师、玄天上帝，十二属相等；南壁绘地狱鬼神经变；北壁绘四大金刚。壁画面积约 90 平方米。

公主寺大雄宝殿、过殿的彩塑、悬塑雕刻生动，形态各异，人体比例、解剖透视都较合理，表现了明清时期高超的雕塑水平，具有较高的艺术价值。各殿水陆画构图严谨、人物传神、色调古雅浑厚，是山西寺观壁画的精品。

公主寺毗卢佛

秘密寺

位置　忻州市繁峙县岩头乡岩头村东

时代　清代

类型　古建筑

2006年，被国务院公布为第六批全国重点文物保护单位。

秘密寺创建年代不详，北宋太平兴国五年（980），宋太宗下诏重修。绍圣二年（1095）五月，秘密寺被焚毁，第二年募捐重建。据寺内《广云塔铭》载，金代重建东阁、西阁、罗汉阁、山门和后殿。清顺治五年（1648），秘密寺遭火烧。清顺治八年至康熙九年（1651—1670）重建。乾隆、光绪年间屡有修葺。1932年，藏经阁和北楼被洪水冲毁。

寺坐东向西，二进院布局，中轴线上依次为天王殿、大雄宝殿、文殊殿、藏经阁。两侧依次为钟鼓楼、南北二层阁楼、南北配殿。

天王殿面阔三间，进深四椽，悬山顶，后设廊，内塑弥勒佛、韦陀菩萨及四大天王像。大雄宝殿面阔五间，进深三间，悬山顶，前设廊。内有佛坛，坛中塑释迦牟尼佛，两边塑药师佛、阿弥陀佛，释迦佛两侧塑阿难、伽叶，佛坛南北两面塑十八罗汉像。文殊殿面阔五间，进深三间，悬山顶，前设廊。内有佛坛，佛坛正中塑文殊菩萨，左塑观世音菩萨，右塑普贤菩萨。

寺前还有砖塔两座，一为木叉祖师塔，唐建明修，六角四层，高约十米；一为玄觉太师塔，五代北汉天会七年（963）建，六角二层，形体不大。

除秘密寺外，过去有随崖分三层环寺的三十二庵，现仅存

秘密寺全景

秘密寺中庵

秘密寺摩崖造像

中庵及几处小庵。中庵在秘密寺北1千米处，位于险峻的高崖下，包括观音洞、金佛楼、三圣庵三处建筑。金佛楼亦称“大佛楼”，位于观音洞东侧，明嘉靖十四年（1535）在石壁上雕弥陀接引佛一尊，接引佛像前建三层楼阁，上两层供弥陀佛像，下层为僧舍。三圣庵位于观音洞西侧，庵洞内有明代释迦、老子、孔子三像。由庵往上，石梯前有五方佛摩崖造像。龙洞下方有七海龙王塑像立于峭壁缝内。

秘密寺创建时代早，基本在各个时代都留下了珍贵的遗物，对研究忻州五台山附近各个历史时期的佛教思想文化有重要价值。

繁峙琉璃塔

忻州市繁峙县岩头乡庄子村

明代

古建筑

2019年，被国务院公布为第八批全国重点文物保护单位。

繁峙琉璃塔为明代狮子窝（大护国文殊寺）的附属建筑，因塔身遍布约万尊琉璃佛像，故称“万佛塔”，又名“万佛延寿宝塔”“佛像典翠琉璃塔”。据塔刹座题记载，塔为明万历二十七年（1599）开工建造，万历三十二年（1604）完工。

塔坐北朝南，平面呈八边形，边长6米，占地面积约173.8平方米。塔基为石砌束腰须弥座，雕仰覆莲瓣，高1.7米。塔身十三层，通高35米，由下至上逐渐内收，每层出檐，双层套筒结构，原可沿台阶上至五层，现已封闭。塔体外表皆为空心琉璃砖镶嵌，琉璃砖是明代特有的孔雀蓝，配有层层金黄色祥云，以黄色调为主的万尊佛像端坐其中，每层各面分五层十五排佛像，共计万尊。塔上雕刻有施舍者姓名，五层内镶有琉璃塔铭一块。一层檐下有仿木结构砖雕，四面门两侧均烧造琉璃力士像。塔南侧存石狮两尊。塔顶为八角形攒尖顶，由二十八层砖叠涩而成。塔刹在仰莲座上设风磨铜宝珠一枚。

琉璃塔塔身高大，气势雄伟，造型独特，显示了我国古代建筑艺术的高度成就和建筑匠师们的非凡智慧。

繁峙琉璃塔

繁峙南关故城

位置 忻州市繁峙县杏园乡南关村西

时代 唐代至明代

类型 古文化遗址

2021 年，被山西省人民政府公布为第六批省级文物保护单位。

繁峙南关故城创建于唐圣历二年（699），金贞祐二年（1214）改称坚州，明洪武二年（1369）复繁峙县，万历十四年（1586）因迁县于河流北岸石龙岗而废。

城址所处地形南高北低，呈缓坡状。平面呈不规则状，南北最长约 600 米，东西最宽约 340 米，分布面积 18 万平方米。城墙残高 5—8 米，底宽 5 米，顶宽 2 米。墙体夯筑，夯层厚 0.08—0.25 米。北、西、南三面城墙上均有 3—5 座马面，宽 10 米，厚 6 米。故城发现城门 4 座，西门保存较好，宽约 24 米，深约 8 米。西门往西 15 米处另有一截南北向墙体，长约 30 米，残高 8 米。应属瓮城城墙。

繁峙南关故城周边有两座烽火台——杏园烽火台和南关烽火台，还有一处南关堡址。故城与周边的烽火台、堡址形成了完整的军事防御体系，它们不仅仅承载着繁峙县近 800 年的建城史，更蕴含着丰富的文化、军事、社会信息。

繁峙南关故城部分城墙

繁峙南关故城金代壁画墓东北壁壁画

繁峙南关故城金代壁画墓西南壁壁画

中庄寨宝藏寺

位置 忻州市繁峙县东山乡中庄寨村

时代 明代至清代

类型 古建筑

2021 年，被山西省人民政府公布为第六批省级文物保护单位。

中庄寨宝藏寺亦称“大吉祥宝藏禅寺”，始建年代不详。据现存碑记载，金大定二十四年（1184）重建，明万历十年（1582）、清嘉庆二十三年（1818）重修。

寺坐北朝南，占地面积 490 余平方米，二进院落布局，沿中轴线依次为山门、天王殿、千佛殿（圆觉殿）和龙王殿，中轴线东侧为东跨院，建有斋堂、观音殿、东西配殿等。

千佛殿为明代遗构，坐落于高 1.5 米的砖石台基上，前月台，殿身面阔三间，进深四椽，单檐歇山顶，斗栱三踩蚂蚱形耍头，平身科两攒，额枋、平板枋皆出头，梁架为五架梁通达前后檐，殿内山墙绘有壁画。千佛殿前有明万历十年（1582）和清嘉庆二十三年（1818）重修碑各 1 通。

观音殿为清代遗构，面阔三间，进深四椽，单檐悬山顶，殿内东、西、北三壁绘有壁画约 70 平方米，其中东壁绘十二幅观音普门品图、寺庙图和罗汉图；西壁上部绘十殿阎君及地狱受苦图，下绘十八罗汉，南端绘一组五百圣僧过江图；北壁绘三尊大菩萨像及六尊胁侍菩萨像。

宝藏寺是五台山北麓的重要寺院，反映了佛教文化在五台山区域的传播和兴盛，殿内壁画构图别致，色彩明丽，具有独特的艺术价值和丰富的文化内涵。

中庄寨宝藏寺外景

中庄寨宝藏寺千佛殿

东文殊寺大雄宝殿

忻州市繁峙县东山乡中庄寨村

明代

古建筑

2021 年，被山西省人民政府公布为第六批省级文物保护单位。

东文殊寺又名“李牛寺”，始建于北宋，宋《广清凉传》将其划为西台寺院，清乾隆十五年（1750）、道光二十二年（1842）维修。

寺坐北朝南，二进院布局，一进院原有山门、过殿、东西配殿，二院原有大雄宝殿、东西配殿。现仅存大雄宝殿，为明代遗构。

大雄宝殿坐落于石砌台基上，面阔三间，进深四椽，单檐悬山顶，前檐柱头科三踩单昂，平身科每间两攒，后檐柱头科三踩单翘，平身科每间一攒。殿内五架梁通前后檐用两柱，东、西山墙及后墙遗存有清代佛道场壁画约 113 平方米，其中东、西山墙壁画分为 128 小幅，共有 700 余人物，每小幅壁画旁侧有榜题，部分残缺。南壁除板门和直棂窗外亦绘有壁画。院内存清代重修碑 2 通。

东文殊寺大雄宝殿是五台山佛教文化影响下的产物，其造型古朴，具有晋北地域特色，殿内壁画内容丰富，是研究明、清寺观壁画的实物遗存。

东文殊寺大雄宝殿外景

东文殊寺大雄宝殿

山会洪福寺

位置 忻州市繁峙县东山乡山会村

时代 明代至清代

类型 古建筑

2021 年，被山西省人民政府公布为第六批省级文物保护单位。

山会洪福寺亦称“山会寺”，始建年代不详。据寺院碑刻记载，金大定十年（1170）此处已有僧人居住，明洪武二十五年（1392）扩建，天顺年间成为五台山显通寺下院，嘉靖十年（1531）、清咸丰二年（1852）重修。

寺坐北朝南，二进院落布局，中轴线上依次建有山门、过殿（天王殿）、正殿（大雄宝殿），两侧为东、西殿和东、西配殿。寺内现存明重修碑 1 通、清重修碑 3 通、经幢 1 座。

正殿面阔三间，进深四椽，单檐悬山顶。明间用四扇六抹隔扇门，两次间用四抹隔扇窗，阑额、普拍枋皆出头。殿内五架梁通檐用两柱。

东殿面阔三间，进深四椽，单檐悬山顶。柱头科为三踩单翘，平身科一朵，出 45° 斜栱，柱头卷杀及栱瓣明显，前檐明间为四扇六抹隔扇门，次间安隔扇窗。殿内梁架架构为三架梁前劄牵用两柱。

山会洪福寺是五台山北麓重要的寺院，反映了五台山佛教文化在周边区域的传播。

山会洪福寺鸟瞰

山会洪福寺大雄宝殿

山会洪福寺东殿

北关永泉寺

位置：忻州市繁峙县砂河镇北关村

时代：明代至民国

类型：古建筑

2021 年，被山西省人民政府公布为第六批省级文物保护单位。

永泉寺，因寺后有泉水涌出又名“涌泉寺”，创建年代不详，元代已有寺院，明弘治年间改扩建。清嘉庆三年（1798）重修殿宇，补建庙堂，石砌台基，为佛像贴金，建新静室于下院。光绪三十一年（1905）修缮寺院殿堂。1925 年，新建戏台、别建山门。

寺坐北朝南，三进院布局，中轴线上依次建有戏台、过殿、正殿和大雄宝殿，正殿和大雄宝殿两侧有东、西殿。寺内现存清代嘉庆三年（1798）重修碑 1 通、光绪三十一年（1905）重修碣 1 块和 1925 年重修碑 2 通。

正殿砖石台基，面阔三间，进深六椽，单檐歇山顶，覆莲柱础，前檐明间、次间施隔扇门，阑额、普拍枋皆出头，前后檐平身科两朵，山面平身科一朵，柱头科为三踩单昂，殿内彻上露明造。过殿又称“天王殿”，面阔三间，进深四椽，单檐硬山顶。

北关永泉寺是五台山佛教文化的辐射区，寺院保存有明以来的各代建筑群，建筑格局较为完整，是研究晋北地区明清佛寺建筑的实物资料。

北关永泉寺远景

北关永泉寺正殿

北关永泉寺正殿角科斗栱

作头天齐庙

位置：忻州市繁峙县繁城镇作头村

时代：清代

类型：古建筑

2016年，被山西省人民政府公布为第五批省级文物保护单位。

作头天齐庙创建年代不详，据庙内现存碑记记载，明嘉靖十四年（1535），清康熙十五年（1676）、同治十三年（1874），1935年屡有修葺。

庙坐北朝南，南北长68.8米，东西宽29.4米，二进院落布局，中轴线上由南向北依次建有戏台、山门、过殿和正殿，山门两侧为钟楼、鼓楼，过殿两侧为东、西耳殿，二进院两侧置东、西配殿及其耳殿，一进院西侧置西配殿，原一进院东配殿现已不存。庙内现保存有不同形式的建筑13座，均为清代遗构。庙内另有古代碑刻6通、夹杆石2个、古柏2棵。

戏台面阔三间，进深四椽，单檐卷棚硬山顶。殿内为五檩抬梁构架，五架梁通搭前后用两柱。山门面阔三间，进深四椽，单檐悬山顶。过殿面阔三间，进深四椽，单檐硬山顶，五檩抬梁构架。正殿面阔三间，进深四椽，单檐悬山顶，殿内五檩抬梁构架，东、西山墙绘水墨民间故事和五岳大帝出巡图，后檐墙绘十二音会壁画。正殿及二进院东、西配殿内存清代壁画约129平方米。

作头天齐庙院落整体布局完整，形成了独特的建筑特色与风格。殿内壁画均为清代原物，是民间绘画的精品。壁画内容反映了市井风情、民间信仰和音乐艺术等内容，具有很高的历史价值和艺术价值。

作头天齐庙全景

作头天齐庙大殿

作头天齐庙正殿十二音会壁画

汾阳宫遗址

位置　忻州市宁武县余庄乡马营村北

时代　隋代

类型　古文化遗址

2019年，被国务院公布为第八批全国重点文物保护单位。

汾阳宫是为隋炀帝所建的宫苑一体的山水园林，是隋炀帝的行宫之一。遗址现存平面呈方形，占地面积约16万平方米，东西、南北各长400米，分内城、外城。

汾阳宫遗址主殿坐落在天池之南的老马沟东侧，长170米，宽140米，占地2万多平方米。柱基石直径1米左右。遗址中部的建筑基址，南北长86米，东西宽70米，现残存墙基高1—2米，基宽2—3米。

汾阳宫遗址内随处可俯拾残砖断瓦、陶瓷残片及建筑构件等隋代遗物。地表发现有青灰色类云纹和牡丹图案瓦当。

汾阳宫遗址保存完好，分布面积大，选址考究，建筑材料精良，反映了当年汾阳宫的壮观宏伟，为研究隋代历史提供了珍贵实物资料。

汾阳宫遗址局部

汾阳宫遗址出土的瓦当

宁化古城

位置：忻州市宁武县宁化镇宁化村

时代：明代至清代

类型：古建筑

1996年，被山西省人民政府公布为第三批省级文物保护单位。

宁化古城是隋炀帝为避暑所建的行宫，史称“汾河宫”，后因为宁化特殊的地理位置和作用，在宫城的基础上逐步向军事城堡发展。古城创建于宋太平兴国四年（979），现存建筑为明清遗构。

古城依山而建，由东向西倾斜，西城紧邻汾河。古城池的墙体保存较完整，东西长约400米，南北宽约350米，占地面积14万平方米。城池平面呈不规则梯形，墙基宽8—9米，残高3—4米，墙体夯筑包砖。古城现存北门、部分北墙、东墙、西墙北段、南门、瓮城城门。城内存有南北瓮城、城门洞、关帝庙、泰山庙、区公所、古窑洞、闫家宅院、万佛洞石窟群（附属设施）等文物点。

北门位于北墙东段，砖券顶，拱高3.5米，门道宽3.5米，进深10米。基石、包砖部分尚存。北门外瓮城，东西30米，南北30米。瓮城门在西墙，现为豁口，宽3米。周设敌台6座，现存3座。东南角敌台基部突出墙体25.7米，宽30米，高9米。敌台上残存建筑基址，长约10米，宽约9米，残高0.8米。据传此处曾建魁星楼。存马面3座，接东南角马面，向南延有一道城墙，长约100米。

南门位于南城墙正中，砖券顶，拱内侧高4.5米、外侧高

宁化古城远景

宁化古城城墙

4米，门道内侧宽4米、外侧宽3米，进深15米。南门外瓮城南北长50米，东西宽30米。瓮城门在东墙，砖券顶，拱高4米，门道宽3米，进深10米，基石、包砖尚存。

宁化古城的街道基本没有改变。城内分上、下两道街，南北走向，上街从南城门进入，直达官衙。下街则由西门进入，南北走向，与上街平行，上、下街之间由关帝庙前东西走向的短路相连。由于古城建在斜坡上，上下两条街的斜面距离有100米，垂直距离有60米。两条街上过去都曾有铺面。

宁化古城保存了明清时期古城风貌，对研究明清军事城堡具有重要价值，其现存的两座瓮城，是保存较完整的古瓮城遗存，对研究瓮城建筑有重要意义。

万佛寺

位置：忻州市宁武县凤凰镇西关村

时代：明代至清代

类型：古建筑

1996年，被山西省人民政府公布为第三批省级文物保护单位。

万佛寺创建于明代，清代屡有维修。寺坐北朝南，南北长79米，东西宽58米，占地面积约4500平方米。佛寺为二进院布局，中轴线上建有山门、天王殿、万佛殿、东西配房。东侧院建有藏书楼、毗卢殿和禅房。寺内除万佛殿为明代建筑外，其余为清代及近代建筑。

正殿为万佛殿，无梁砖券窑洞式结构，面阔五间16米，进深8米。殿身分前、后两部分，前室面阔大于后室，单檐卷棚式顶；后室略窄，单檐硬山顶，琉璃脊饰，前、后室檐下均有仿木构砖雕斗栱。前室门额匾书“万佛寺”，左右题款“钦差整饬宁武兵备山西等处右察司兼按事刘乡书钦差镇宁山西总兵官都督佥事董一奎立”。后室檐下正中匾书“祝延圣寿大明万历二十八年立”。门两侧石刻对联“湛智海之澄波虚合万象，皎性空之满月顿落百川”。殿内有佛坛，坛上有明代塑像12尊，殿内四壁悬塑小佛万尊，万佛寺因此得名。

山门面阔三间，进深四椽，单檐歇山顶，五檩无廊式构架。天王殿面阔三间，进深四椽，硬山顶。藏经楼为两层楼阁式，面阔三间，进深四椽。毗卢殿砖木结构，面阔、进深均三间，硬山顶。殿内外立清代重修石碑4通。

万佛寺是研究明清时期晋北地区砖券结构的建筑实例，对于分析地方佛教寺院建筑的多元性有重要价值。

万佛寺山门

万佛寺正殿

静乐文庙

位置：忻州市静乐县鹅城镇儒林街村

时代：明代至民国

类型：古建筑

2019年，被国务院公布为第八批全国重点文物保护单位。

据清康熙《静乐县志》载，静乐文庙始建于北宋大观年间，明洪武二年（1369）由城内儒林街迁建于现址。嘉靖二十四年（1545）毁于兵燹，万历十五年（1587）重建，后代屡有修缮。

文庙坐北朝南，占地面积4722平方米。现存主体为明、清、民国建筑。庙内分东西两条轴线，西侧轴线上建有棂星门、过殿、大成殿，两侧有东西配殿、西厢房；东侧轴线上建有儒门、启圣祠、明伦堂，两侧有养心斋、存心斋、名宦祠、乡宦祠、敬业堂等，为岑山书院所在。

大成殿为明代遗构，坐北朝南，砖砌台阶，台基前设月台，面阔五间，进深六椽，单檐歇山顶。梁架结构为五架梁，前后单步梁用四柱，上承平梁，其上用蜀柱斜撑脊檩。前檐柱头科七踩三下昂，里转七踩三翘；平身科每间一朵，明间出45°斜昂。前檐明间及两次间置六抹隔扇，两梢间槛墙上布置四抹隔扇窗，隔扇心屉为斜方格形。灰陶质筒板布瓦屋面，前坡中部设琉璃方心。正脊两端置龙形正吻，垂脊、戗脊上各置垂兽、戗兽，戗脊端置走兽。

静乐文庙建筑规模较大，布局合理，是一处保存基本完整的明代至民国文庙建筑群，其用材、工艺及艺术风格体现了晋北地区的特点，为研究我国传统儒学文化和文庙建筑提供了很好的实物例证。

静乐文庙大成殿

静乐文庙岑山书院明伦堂

静居寺石窟

位置：忻州市静乐县丰润镇丰润村

时代：唐代

类型：石窟寺及石刻

2019 年，被国务院公布为第八批全国重点文物保护单位。

据 4—7 窟间的摩崖碑记载，静居寺石窟凿于唐仪凤二年（677）。窟均坐东朝西，分布面积 430 平方米，包括洞窟 9 座、附窟 2 个（第 7-1、7-2 窟），第 1—7 窟位于静居寺内，第 8、9 窟则开凿于寺院外南侧 100 多米处的崖壁上。4—7 窟外壁存摩崖碑 3 通，均螭首，碑文漫漶不清。窟顶上部存有窟檐椽孔。窟西侧存明万历二十二年（1594）及清嘉庆十五年（1810）重修碑各 1 通。

第 1 窟，方形窟，平顶。宽 1.5 米，高 1.58 米，进深 1.38 米。窟门两侧凿拱形龛，右侧残存一立像轮廓，左壁崩塌，仅残存一双脚。窟内壁面风化严重。三壁三龛，正壁雕长方形龛，可辨一铺五身造像、一佛四胁侍像。左、右壁面布局同正壁。

第 2 窟，方形窟，攒尖顶。宽 1.68 米，高 1.7 米，进深 1.65 米。窟门方形，两端雕方柱，无柱础。窟门雕尖拱形门楣，内雕两飞天相对，两端饰卷云纹。窟内四壁设低坛，正壁风化，左、右壁雕一佛二弟子二菩萨像。

第 3 窟，方形窟，平顶。宽 2.30 米，高 1.95 米，进深 2.05 米。三壁设低坛。正壁雕一佛二弟子二胁侍菩萨，左壁布局同正壁，右壁一佛四胁侍菩萨。

第 4 窟，方形窟，平顶。宽 1.8 米，高 1.7 米，进深 1.9 米。四壁设低坛，正壁风化，左、右壁雕一佛二弟子二菩萨像。

静居寺石窟 1—3 窟

静居寺石窟 2— 7 窟

第 5 窟，方形窟，平顶。宽 2.25 米，高 1.07 米，进深 2.4 米。四壁设低坛，正壁风化，左壁雕一佛二弟子二菩萨像，右壁雕一佛四胁侍菩萨像。

第 6 窟，方形窟，平顶。宽 2.6 米，高 1.9 米，进深 2.5 米。四壁设低坛，正壁风化，左壁雕一佛二弟子二菩萨像，右壁雕一佛四胁侍菩萨像。

第 7 窟，方形窟，平顶。宽 1.8 米，高 1.6 米，进深 2 米。三壁设低坛，正壁无造像，左壁残存一佛四胁侍像轮廓，右壁雕一佛二弟子二菩萨像。前壁正中开门，左右壁面各雕一力士像。

第 8 窟，窟内无造像。

第 9 窟，方形窟，拱形顶。宽 2.55 米，高 2.05 米，进深 1.25 米。三壁设低坛，正壁雕一佛二弟子二菩萨像，左壁残存两尊造像，右壁雕一佛二弟子一菩萨像。

静居寺石窟是忻州地区小型石窟群的重要代表，石窟基本保持了唐时期的石窟格局，主要文物建筑在形制特征、材料和工艺特点等方面保留了历史原状，具有鲜明的地方特色。其规模较大、内容丰富，具有浓厚的佛教文化色彩，同时其造像形态优美、雕刻技艺精湛，能够较好地反映当地石窟的典型风格及技术水平。

赵王城遗址

位置 忻州市静乐县鹅城镇赵王城村

时代 战国至汉代

类型 古文化遗址

2021 年，被山西省人民政府公布为第六批省级文物保护单位。

赵王城遗址所处丘陵地带，东高西低，呈阶梯状。平面呈长方形，东西长约 1000 米，南北宽约 600 米，周长约 3200 米，占地面积约 55 万平方米。赵王城是赵武灵王在晋西北的一处重要军事城池。城址西墙不存，东墙和南墙外侧均有马面，墙体夯筑。墙基宽 2—5 米，残高 5—7 米，夯层厚 0.08—0.15 米。地表采集有绳纹瓦残块。现存城墙坍塌严重，局部被开垦为农田，水土流失、动植物、人为因素等对文物本体破坏严重。

赵王城遗址是忻州静乐地区发现的一处城墙与墓群遗存相结合的聚落遗址，年代跨度大，文化堆积保存完整、连续，文化面貌独特，特别是泥质和带有多样纹饰的磨光陶特征鲜明，补充了忻州地区战国至汉代考古学文化谱系的缺环。对于忻州地区古代人们生产、生活的方式和山区聚落形态的研究具有重要价值。

赵王城遗址鸟瞰

赵王城遗址全景

五王城遗址

位置：忻州市五寨县杏岭子乡前五王城村和东秀庄乡后五王城村之间

时代：战国至汉魏时期

类型：古文化遗址

2004 年，被山西省人民政府公布为第四批省级文物保护单位。

五王城遗址平面呈长方形，四面环山，城墙依山而建，东西长约 2500 米，南北宽约 1500 米，周长约 8000 米，分布面积约 355 万平方米。

城址四周均系丘陵，城墙夯筑，城墙残高 0.5—7 米，底宽 6.5—10 米，顶宽 1.5—4 米；夯层厚 8—10 厘米，夯窝直径 5—6 厘米，夯窝间距 3—4 厘米。沿城墙四周共建有 6 个瓮城，西面瓮城保存完好。瓮城平面呈半圆形，墙体底宽 7—10 米，顶宽 2—4 米，残高 1.5—3 米。

城内有一条东西走向的季节性河流将城分为南、北两部分。城内建筑集中于城南，发现有半地穴式白灰面房址等。

在遗址断面发现约 1.5 米厚的文化层，采集有陶器、石器、骨器等，器形有豆、鬲、罐、壶、钵等，陶质以泥质陶为主，夹砂陶次之。城西北发现有大片墓地，曾发现有铜剑、铜镜，还有秦半两、汉五铢、大泉五百等钱币。

五王城遗址见证了战国赵武灵王至三国时期的发展史，具有重要的历史价值。

五王城遗址远景

五王城遗址近景

武州城遗址

位置 忻州市五寨县小河头镇大武州村西

时代 辽代至元代

类型 古文化遗址

2004年，被山西省人民政府公布为第四批省级文物保护单位。

武州城由大、小两城组成，大城平面呈方形，边长约750米。小城位于大城内西北角，平面呈长方形，周长约1460米，面积约70.5万平方米，城墙基宽约3米，城墙残高4—6米，墙体为夯筑而成。

经2018年调查发现，现存城址地表散落着大量瓦片、瓦当等建筑构件和宋辽时期的瓷片，其中不乏官窑瓷片，瓷片有白釉、蓝釉、绿釉等色，也有黑釉刻花，开片瓷很常见，有的瓷片有明显的窑变。

城址西北坡地有大片墓地，近年来还发现有许多砖、石券的壁画墓，墓内出土了不少精美的宋辽瓷器，有碗、罐、梅瓶、陶仓、铜镜、犁铧、铁炉等。壁画内容有仕女图、墓主宴饮图、狩猎图、出行图、和尚说法图等，色彩线条以红、黑两色为主，笔法流畅，比例适中，人物表现栩栩如生。

据《辽史》和《五寨县志》记载，武州城遗址系历代兵家屯兵要塞，也是历代少数民族与汉族杂居之地，特别是在公元856年，后唐太祖李克用生于此地，更为武州城的历史文化增添了重要的价值，为确定我国历史上“沙陀部”的居住地提供了有力的佐证。

武州城遗址远景

武州城遗址近景

岢岚州故城

位置 忻州市岢岚县岚漪镇西街村

时代 五代至明代

类型 古文化遗址

2021 年，被山西省人民政府公布为第六批省级文物保护单位。

岢岚州故城历史悠久，五代后汉刘知远曾在此建筑军城，最初“周围 5 里”。宋元丰八年（1085），知州贺绍庆“于城东增广 2 里”。明洪武七年（1374），镇西卫指挥使张兴，因旧甃以砖石，使其“周围 7 里，城高三丈八尺”，且城形如舟。城楼有 12 座，上有旗杆、垛口。四门高大出奇，北门名戢宁门，南门名文明门，东门名宜阳门，西门名丰城门。四城门均有瓮城，城外还有 4 关 2 堡，整个防御体系气势恢宏，是古代岢岚的标志性建筑。

故城平面呈长方形，东西长 1850 米，南北宽 1100 米，分布面积达 203.5 万平方米。现存东墙残长 1039 米，西墙残长 947 米，南墙残长 1600 米，北墙残长 1750 米。墙体基宽 6—15 米，顶宽 3—11 米，残高 5—12 米。城墙采用土质夯筑、外包砖石的方式建造，夯层厚 0.08—0.2 米，包砖厚 1.3 米。故城现存东、南、北 3 座城门及瓮城，还有东北角角楼和 5 座马面。

岢岚在历史上具有重要的军事战略地位，历朝历代多在此修筑长城。其地处于中原汉民族与北方少数民族割据碰撞的地区，岚漪河河谷是北方游牧民族进入汾河谷地的咽喉要道，而岚漪河东岸是吕梁山脉北段管涔山脉，山势陡峭连绵，为修筑长城、抵御外敌提供了自然条件。岢岚州故城对研究古代战争史、民族交流史意义重大。

岢岚州故城全景

岢岚州故城东门（宜阳门）

北寺塔

位置　忻州市岢岚县岚漪镇东街村

时代　明代

类型　古建筑

2016年，被山西省人民政府公布为第五批省级文物保护单位。

北寺塔原属塔院寺内建筑，据北寺塔塔铭（现已不存）记载，始建于明正统九年（1444），是明代得道高僧踋空禅师的舍利塔，清康熙四十九年（1710）重修。据清光绪《岢岚州志》载，塔院寺于清道光二十七年（1847）重修。

塔坐北朝南，为六角密檐式仿木构砖塔，通高约17米，塔身七层，整体实心，由塔座、塔身、塔刹三部分组成。塔基六边形，最底层为石砌，其上主要由三部分组成，均为砖砌。二层束腰须弥座，上承两重仰莲。塔身一层较高，南向辟有佛龛，二至七层，每层均设仿木构砖雕斗栱、檐椽，每角有砖雕倚柱。六角攒尖顶上承六角亭阁式塔刹及仰莲。塔体造型优美，砖雕图案众多，样式各异，如花卉、瑞草、仰莲、立柱、佛龛、勾栏等。

北塔寺结构稳固，造型优美，比例协调，是研究明代舍利塔的重要实物例证。

北寺塔近景

岱岳庙

位置 忻州市河曲县西口镇岱岳殿村

时代 明代至清代

类型 古建筑

1986年，被山西省人民政府公布为第二批省级文物保护单位。

据庙内金大定十七年（1177）功德幢记载，岱岳庙始建于金天会十二年（1134），金、明、清多次修葺，后不断增建。

庙坐北朝南，占地面积3240平方米。三进院布局，中轴线上依次建有山门、乐亭、天齐殿和后土殿，两侧分别建有龙王殿、灵宫殿、地藏殿、圣母殿、关帝殿、岳武殿、玉皇阁、包公祠、明宫及禅房。现存为明清建筑。庙内存碑9通、壁画100余平方米、院墙为青砖垒砌，院内铺砖，有古树1棵。

天齐殿为明代建筑，砖砌台基。面阔三间，进深四椽，单檐硬山顶，前出卷棚歇山抱厦。筒板布瓦屋面，琉璃脊饰，脊刹背面有“正德元年重建”题记。前檐明、次间均设四扇六抹斜方格隔扇门。

后土殿面阔三间，进深四椽，布灰筒板瓦硬山顶。殿内三壁绘77幅连环壁画，共计23平方米，内容主要为因果报应等。

地藏殿规模与后土殿相当，殿内现存十殿阎君塑像，为明塑佳品。

岱岳庙建筑布局完整，是研究明清时期建筑的重要实物例证。

岱岳庙鸟瞰

岱岳庙天齐殿

海潮庵

位置　忻州市河曲县旧县镇旧县村

时代　明代至清代

类型　古建筑

1986 年，被山西省人民政府公布为第二批省级文物保护单位。

据寺碑记载，海潮庵始建于明万历年间，明末毁，清顺治年间重建，康熙、乾隆年间曾予修葺。

庵坐北朝南，三进院落布局，南北长 44 米，东西宽 35 米，占地面积 1540 平方米。中轴线上依次建有山门、观音殿和藏经楼，两侧建有钟楼、鼓楼、弥勒殿、地藏殿、斋堂、禅室及耳殿等，东西设有塔院、花园、牛具院。庵内现存清代修建布施碑、众多清塑及清代壁画 25 平方米。

海潮庵蕴含着丰富的历史信息。庵内遗留的书法、壁画、雕塑、楹联等都是稀世珍品。

海潮庵全景

海潮庵正殿

北元护城楼

位置 忻州市河曲县西口镇北元村

时代 明代

类型 古建筑

2016年，被山西省人民政府公布为第五批省级文物保护单位。

据城楼匾额记载，北元护城楼始建于明万历二年（1574）。明万历二十八年（1600）在护城楼顶部修建玉皇阁。清乾隆二十九年（1764），河曲县治由旧县迁至河保营，在动工修建县衙署及扩展城垣的同时，乾隆三十一年（1766）重修了护城楼，扩建后的护城楼距城墙数十米。1987年重建二层玉皇阁，2011年修建南侧月台。护城楼坐北朝南，连上后期修建的月台，南北长30.9米，东西宽21.3米，占地面积658.17平方米。建筑主体为明代遗构。

护城楼一层台基高3.5米，中部设拱券门，前有石砌台阶相连，券门门额石匾刻“镇虏”二字。匾额上砌垂花门楼，檐下设三踩单昂，昂嘴卷云式，蚂蚱形耍头。券门两侧各设拱形小窗一孔，内券拱顶砖窑，置九窑十八洞，每窑洞皆有新设佛像。二层设有雉堞、堞眼，四周设女儿墙。玉皇阁殿身面阔三间，进深五椽，单檐硬山顶，六檩前出廊构架，双坡筒板瓦屋面。前檐斗栱一斗二升交麻叶。东西为钟楼、鼓楼。楼内存清嘉庆十二年（1807）铁钟1口。

北元护城楼是明代长城沿线城楼类建筑的代表，是研究古代砖结构建筑与西北地区古代军事防卫建筑史的珍贵实例。

北元护城楼鸟瞰

北元护城楼正立面

林遮峪遗址

位置 忻州市保德县林遮峪乡林遮峪村南

时代 新石器时代

类型 古文化遗址

1986年，被山西省人民政府公布为第二批省级文物保护单位。

林遮峪遗址长1000米，宽500米，面积约50万平方米，尤以龙山晚期及商代晚期遗存为主。

林遮峪遗址在龙山时期时为一处石城聚落。2007年及2019年做过两次发掘。发现了一段残长约140米的石墙，石墙局部向东南倾斜倒塌，其余保存较好。石墙利用自然石片或石块垒砌而成，中间用土石填筑，目前未发现基槽及护坡。墙内发现13座墓葬，均为竖穴土坑墓，墓向不一，其中M2、M7脚端的填土中发现猪下颌骨及卜骨，葬具为单棺或上下盖板葬，仰身直肢，推测时代为龙山晚期到夏时期。其余墓葬多数不见葬具。除M6随葬绿松石项饰1串、铜泡1件、铜耳环2件外，其余墓葬均未发现随葬品，推测时代为商时期。此外，1971年在遗址内发现一座商代晚期墓葬，出土青铜器30件，包括部分饰品。

林遮峪遗址时代及内涵与神木石峁、兴县碧村等遗址基本相同，它们共同揭示了龙山时期石城布局及选址的一般规律。同时，遗址内发现的一批商代墓葬，特别是1971年发现的铜器墓，出土器物组合明确，种类丰富，是目前晋西北同时期所见的高级别墓葬之一。

林遮峪遗址航拍图

林遮峪遗址出土铜刀

林遮峪遗址出土斝和鬲

保德故城关帝庙

2016 年，被山西省人民政府公布为第五批省级文物保护单位。

保德故城关帝庙始建年代不详，据碑载，庙中的观音寺原在故城村东侧小阜之端，清乾隆二十七年（1762）迁于现址。

庙坐北朝南，东西并列三个院落，东为娘娘庙、中为关帝殿、西为观音寺，各自独立开门，并设掖门相互连通。中轴线上自南向北依次为山门、关帝殿，东西两侧自南向北分别为钟楼、鼓楼，钟楼北侧建有山神殿，关帝殿两侧建有东、西耳殿。东轴线上自南向北依次为山门、娘娘殿。西轴线上自南向北依次为山门、观音殿，东西两侧为东、西厢房。现存建筑均为清代遗构。

关帝殿面阔三间，进深三椽，单檐硬山筒板布瓦顶。明间梁架为双步梁对前后单步梁，在前后檐金柱之间横跨双步梁，梁头承托前檐金檩及其下随檩枋，梁尾承托后檐单步梁尾，梁背中立脊瓜柱，瓜柱头承托脊檩及随檩枋，瓜柱脚施角背稳固，瓜柱与瓜柱之间以顺身串联络，顺身串上设花墩辅托随檩枋。檐额上施一斗二升交麻叶斗栱七攒，其中柱头科斗栱四攒。下施通间雀替，雀替表面雕刻吉祥图案，明、次间装修六抹隔扇门四扇。东、西山墙及后檐墙西次间所绘壁画为清代《三国演义》故事连环画。

观音殿建筑形制属独立式砖砌锢窑，外观为面阔五间的

位置 忻州市保德县杨家湾镇故城村

时代 清代

类型 古建筑

单檐硬山出廊式建筑，单檐硬山筒板布瓦顶。斗栱为一斗二升交麻叶，平身科斗栱每间一攒，下施通间雀替，明间装两扇斜方格心屉隔扇，两侧则为正方格心屉拱券窗。

娘娘殿面阔三间，进深两椽，单檐硬山筒板布瓦顶。娘娘殿明间不设梁架，两山为前后单步梁对接于山中柱，单步梁头承托檐檩及其下随檩枋，后尾贯入山中柱。前檐明间檐柱间设四扇斜方格心屉六抹隔扇，两次间设单扇斜方格心屉四抹隔扇窗。

保德故城关帝庙是保德县境内一处保存较为完整的古代庙宇，建筑整体布局合理讲究，大部分建筑保存完好，反映了清代庙宇建筑的形制和特点，是研究山西庙宇群建筑和民间信仰发展的重要实例。

保德故城关帝庙鸟瞰

保德故城关帝庙关帝殿

吴城遗址

位置 忻州市偏关县南楼沟乡吴城村

时代 新石器时代、东周、汉代

类型 古文化遗址

1986年，被山西省人民政府公布为第二批省级文物保护单位。

吴城遗址又名“吴王城”，南北高、中间低，中间有季节河流过。南北长约800米，东西宽约300米，分布面积约24万平方米。其文化内涵以秦汉时期遗存为主，还有少量庙底沟二期、龙山晚期、东周、秦时期堆积。

遗址内发现汉代城址及秦、汉时期墓地，出土器物有铜镞、铜镜、印章、剑、弓盖帽、鼎、熏炉等。汉代城址平面近似方形，南北长335米，东西宽167米，分布面积约5.6万平方米。现存东墙225米，南墙167米，西墙200米，北墙167米。城墙残高1—5米，基宽4—10米，顶宽1—3米，土质夯筑，夯层厚约0.08—0.10米。城门不详。此外，还有灰坑、房址、墓葬、文化层等遗迹，其中文化层厚0.5—2.5米。地表采集遗物有泥质灰陶片和夹砂灰陶片，可辨器形有罐、盆、鬲、瓮等，纹饰有篮纹、绳纹、方格纹和附加堆纹等。还有瓦当等建筑构件残片。

吴城遗址自新石器时期一直延续至汉代，是区域内特定时段的遗存，具有重要的历史价值。

吴城遗址全景

吴城遗址北墙近照

护宁寺

位置　忻州市偏关县新关镇寺沟村

时代　元代至清代

类型　古建筑

2004年，被山西省人民政府公布为第四批省级文物保护单位。

据碑文记载，护宁寺创建于唐代，位于黄河崖头长城要冲地。清乾隆十一年（1746）、嘉庆二十二年（1817）、道光三年（1823）、咸丰六年（1856）均有维修。

寺坐北朝南，一进院落布局，东侧有跨院。中轴线上自南向北建有天王殿、三圣殿。东跨院正殿为观音殿。院外有清代戏台。寺中三圣殿、天王殿为元代遗构，余皆为明、清建筑。寺内存碑3通、古柏1棵、壁画33平方米。

天王殿面阔三间，进深四椽，悬山顶，四铺作单下昂斗栱。殿梁架结构为三椽栿后对劄牵用三柱，后檐柱头铺作及转角铺作耍头向内延伸制成劄牵插与内柱。平梁之上中部立蜀柱，柱脚用合楮稳固。蜀柱头设捧节令栱、丁华抹颏栱及叉手承戗脊部。蜀柱均为方形抹棱小八角，下端四方形制，为元代手法。

三圣殿面阔三间，进深四椽，悬山顶。斗栱为五铺作双下昂，昂嘴较扁，计心造，栌斗有皿頔。补间斗栱各一朵，明间补间斗栱和转角斗栱均出45°斜栱。殿梁架结构为三椽栿后对劄牵用三柱，后檐柱头铺作耍头向内延伸制成劄牵插与内柱，内柱头设阑额、普拍枋承栌斗、平梁。平梁之上中部立蜀柱，柱脚用合楮稳固。蜀柱头设捧节令栱、丁华抹颏栱及叉手承戗脊部。蜀柱均为圆形。

护宁寺是研究建筑布局及传统绘画构图艺术的珍贵实例。

护宁寺鸟瞰

护宁寺三圣殿

隆岗寺

位置 忻州市偏关县新关镇隆岗街

时代 明代

类型 古建筑

2016年，被山西省人民政府公布为第五批省级文物保护单位。

据县志载，隆岗寺“在城东南，旧名隆冈禅院，代远，碑碣为风雨磨灭，仅存唐总管绛州龙门郡薛皋题”，寺始建于唐代，金皇统元年（1141）重修。明宣德三年（1428）释定远重修。清康熙五十八年（1719）维修正殿，清雍正九年（1731）重修并立“隆岗寺”石匾一块，清道光十年（1830）重修正殿。

寺坐北向南，现仅存一进院落，中轴线上自南向北依次为天王殿、正殿，天王殿东西两侧为钟鼓楼。现存建筑均为明代遗构。

天王殿面阔三间，进深四椽，单檐悬山顶，五檩无廊式构架。柱头科斗栱三踩单昂，蚂蚱形耍头，云形撑头。平身科斗栱每间一攒。正心枋两层，砖砌栱眼壁。屋顶为筒板布瓦顶，绿琉璃瓦剪边，前坡用绿琉璃瓦摆成方心，花琉璃脊兽。修缮后装修为隔扇门窗。

正殿面阔七间，进深六椽，四周围廊。七檩式构架，殿内明间梁架为四架梁后对单步梁，四面围廊用抱头梁与殿内梁架连接。前檐及两山柱头科斗栱三踩单昂，筒板布瓦顶，孔雀蓝琉璃瓦剪边，花琉璃脊兽。后檐柱头科斗栱三踩单翘。

隆岗寺现存正殿等文物建筑均为明代遗构，是晋西北地区古代建筑遗存的珍贵实物例证，对研究当地寺庙建筑的发展历史具有重要价值。

隆岗寺鸟瞰

隆岗寺正殿

原平普济桥

位置 忻州市原平市崞阳镇平定街村

时代 金代

类型 古建筑

2019年，被国务院公布为第八批全国重点文物保护单位。

据清乾隆《崞县志》记载，普济桥建于金泰和三年（1203）。明成化年间重修。清乾隆二十年（1755）、道光十年（1830）因桥洞坍塌，先后两次重修。清光绪二年（1876）及清光绪五年（1879），又进行了补修、铺道、筑堤。

原平普济桥现存桥体为金代遗构。南北走向，全长82米，宽8米，由单孔长券和四个小券组成，大券尽跨19米，矢高6.5米。桥面以石板铺成，桥两边均置有石雕石质护栏，由望柱和栏板交替组成，高0.9米，分别置望柱20根、栏板19块。望柱顶部有仙桃、石榴、佛手等果品石雕，栏板系整石卷边镂花，高0.8米。大小券口均为石料横旋，券口之上雕有造型精美的石刻浮雕。大券东西两侧券楣上分别雕有云中盘龙、扁舟渔翁、文弱书生、威武壮士及奇形异兽等像，券楣上为龙首汲水兽，小券口边上雕有吉祥八宝及九针图案。桥身有大、小浮雕共计20余处，雕刻图案精美，如蛟龙出水、骑马金人等，体现了金代地方的审美理念。

原平普济桥的造型结构酷似赵州桥，素有“小赵州桥”的美誉，体现了金代桥梁建筑方面取得的成就。

原平普济桥全景

原平普济桥券楣浮雕①

原平普济桥券楣浮雕②

原平惠济寺

位置　忻州市原平市中阳乡练家岗村

时代　明代至清代

类型　古建筑

2013年，被国务院公布为第七批全国重点文物保护单位。

据明碑记载，惠济寺创建于唐，重建于宋，金、元、明历代均有修葺。

寺坐北朝南，一进院布局，中轴线上建有观音殿和大佛殿（文殊殿），两侧建有伽蓝殿、东西配殿和钟楼。

文殊殿面阔五间，进深三间，单檐歇山顶，青灰瓦布屋面，属厅堂式构架。檐下斗栱五踩双昂，昂嘴高厚，正心三重栱，角科出搭角闹头昂。平身科在明间和次间各用一攒，明间平身科出斜栱。殿内用减柱、移柱造，有金元时期的特点，但叉手等处形制风格不早于元代。前檐当心间、次间辟隔扇门，两梢间砌墙，整体建筑为木结构。殿内正中设大佛台，佛台上塑有文殊菩萨1尊、侍女2尊、护法2尊、执辔童1尊、其他塑像3尊。两侧佛台上木阁内现存有157尊木雕。大殿内壁还存有壁画，内容为菩萨救八难。

原平惠济寺文殊殿保留有宋代的营造手法和建筑风格，古朴凝重，有着深厚的文化底蕴，是一处不可多得的古建筑遗存。

原平惠济寺文殊殿

原平惠济寺彩塑及壁画

崞阳文庙

位置：忻州市原平市崞阳镇文庙街

时代：明代至清代

类型：古建筑

2019年，被国务院公布为第八批全国重点文物保护单位。

据清光绪《崞县志》记载，崞阳文庙始建于元大德三年（1299），明、清两代均有修葺。

庙坐北朝南，占地面积16717平方米。三进院布局，中轴线上依次建有影壁、棂星门、泮池、戟门和大成殿，院落西南角有礼门一座。现存建筑大成殿为元代遗构，戟门为明代建筑，余皆为清代建筑。庙内存元碑1通、清碑6通、年代不详碑2通。

大成殿砖砌台基，前设月台，面阔七间，进深八椽，单檐歇山顶，黄、绿琉璃瓦屋面。平面柱网减柱造，减去前金柱。梁架为七架梁前后单步梁用四柱，梁栿间瓜柱顶承，纵架施以内额，内额之上施斗栱承托七架梁，亦显元代特征。柱头科七踩三昂，出45°斜昂，平身科明间两攒，次间、梢间、尽间各一攒。明间设六抹隔扇门装修，菱花纹心屉。梢间与两山砖砌筑墙。

戟门面阔五间，进深四椽，单檐悬山顶，琉璃脊饰。梁架结构通檐五架梁用两柱，前后檐共施斗栱二十四攒，平身科五踩双下昂。里转五踩双杪计心造，二跳昂尾向上斜式延伸制成挑斡。

崞阳文庙遵循中国文庙的布局及建造规制，应用传统庭院与环境烘托相结合的表现手法，对传统文庙建造规制有一定发展创新，是明清时期地方文庙的杰出代表。

崞阳文庙棂星门

崞阳文庙大成殿

崞阳文庙戟门

阳武朱氏牌楼

位置 忻州市原平市大牛店镇阳武村

时代 清代

类型 古建筑

2019年，被国务院公布为第八批全国重点文物保护单位。

据牌楼题记载，阳武朱氏牌楼始建于清咸丰五年（1855），是晚清中议大夫、陕西延榆绥兵道加盐运使武坊畴为其母朱氏所修的节孝牌坊。清光绪三十四年（1908），“亲友族谊”及“门下学生”捐资修建碑亭。1982年维修。牌坊原为三座，现存主坊和配坊各一座。

主坊坐东朝西，四柱三楼重檐歇山顶，建于束腰须弥座上，束腰部雕有各种人物故事图，正面雕有四个力士。额枋下四柱方形，前后有戗柱支撑。戗柱上有螭首缠绕。明楼略宽，两次楼稍窄，明楼雀替上镂雕有二龙戏珠图。上置额枋及楼匾，分别署“咸丰五年九月男武访畴谨建”“旌表资政大夫庠生武烈之妻朱氏节孝坊”。两次楼雀替上镂雕丹凤朝阳，额枋上分别署“柏舟矢志”“竹帛流芳”，上、下枋上均雕有二十四孝图、人物故事及花鸟走兽等。下层檐仿木构石雕斗栱，五踩重翘，上层檐仿木构石雕斗栱，三踩单翘。坊前设有石雕、旗杆各一对。配坊坐北朝南，四柱三门，单檐歇山顶。牌楼石刻神兽、人物、楹联。

阳武朱氏牌楼是一处清代中晚期重要的牌坊类建筑，时间信息准确，历史信息丰富，在山西清代同类建筑中以规模大、雕刻精美而独具价值。

阳武朱氏牌楼

阳武朱氏牌楼配坊

阳武朱氏牌楼石雕

土圣寺

位置 忻州市原平市阎庄镇水油沟村

时代 金代、明代

类型 古建筑

2004年，被山西省人民政府公布为第四批省级文物保护单位。

土圣寺又称“灵泉寺”，创建年代不详。据碑记载，明万历二十二年（1594），清雍正十年（1732）、乾隆二十六年（1761）及1912年屡有修葺。20世纪80年代后又进行了修葺和补建。

寺坐北朝南，占地面积2955平方米。一进院落布局，中轴线上建有藏经楼、大雄宝殿（20世纪90年代在原址上重建），两侧为东、西配殿，寺东南建灵牙塔一座，寺东北约300米处建钟楼一座。现存建筑为明清风格。寺内另存明代碑刻2通、清代碑刻3通。

藏经楼石砌台基，面阔七间，进深六椽，二层重檐歇山顶，琉璃瓦剪边。上下层四周围廊，七檩前后廊式构架。斗栱五踩双翘无昂，柱头斗栱与补间斗栱形制相同。第一层殿内供弥勒佛，两侧塑四大金刚；第二层可登临，古松翠柏尽收眼底，人称“望松楼”。

灵牙塔位于藏经楼东南10米处。始建于金泰和五年（1205），为八角四层楼阁式砖塔。塔基平面呈八边形，基上设二层束腰须弥座，束腰遍布人物与花草砖雕，人物两人一组，或立或坐，或为相互唱和之状，颇为精美。塔身每层均叠涩出檐，一层东面辟门，檐下设仿木砖雕斗栱，二、三层各面均规

土圣寺灵牙塔

则排列砖雕坐佛，共 900 余尊。四层通体素面。八角攒尖顶，中设铁制覆钵，上承相轮五层及仰莲、宝珠。

土圣寺灵牙塔是现存金代建筑之珍品，对研究佛教历史和古建筑艺术具有重要价值。

佛堂寺

位置 忻州市原平市西镇乡前沙城村

时代 元代至清代

类型 古建筑

2004年，被山西省人民政府公布为第四批省级文物保护单位。

佛堂寺始建年代不详，据题记载，清光绪二十三年（1897）、顺治十八年（1661）曾有修葺。寺坐北朝南，一进院落布局。中轴线上依次有过殿、大雄宝殿，东侧有奶奶殿、关帝殿等。过殿、大雄宝殿为明代建筑，其余为新建建筑。

过殿又名“地藏殿”，面阔三间，进深六椽，单檐歇山顶，灰布筒板瓦屋面，琉璃脊饰。梁架结构为五架梁前接双步梁用四柱构造。五架梁后尾上部设角背顶撑后檐下金檩，后尾与后檐斗栱连构，下立后檐柱。五架梁梁头与前檐双步梁对接于前檐金柱，双步梁与前檐柱头斗栱连构下贴普拍枋立前檐柱，雀替插入柱子连构。平梁上施瓜柱顶撑襻间斗栱及脊檩，瓜柱施角背稳固并设叉手承戗，前后檐均为单翘单昂三踩斗栱。

大雄宝殿石砌台基，前设月台。面阔三间，进深六椽，单檐悬山顶。梁架结构为五架梁前后压单步梁用四柱；单步梁后尾插于金柱中，金柱头设平板枋上承五架梁，五架梁上设驼峰承三架梁，三架梁上立脊瓜柱承脊檩，叉手交丁华抹颏栱捧戗脊檩两侧，脊瓜柱脚施角背稳固。梁柱之间由枋件连构。前檐为三踩斗栱双下昂，后檐为三踩斗栱出双直昂。明间设四扇六抹隔扇门，次间为直棂窗，柱础为宝妆莲瓣式。殿内塑三世佛。

佛堂寺是研究明代木结构建筑艺术的珍贵实例。

佛堂寺过殿

佛堂寺大雄宝殿